# 釈迦とイエス 真理は一つ



三田誠広
Mita Masahiro

a pilot of wisdom

# プロローグ

心を穏やかにして世界を見渡し、その上で自分の立ち位置を決める。

あれこれと思い迷うことなく、怒りやいらだちもなく、世界のありようと自分の現状を静かに受け容《い》れる。

そんな生き方ができないだろうか……。

目まぐるしく揺れ動く世界情勢や、国内の混乱にも動じない、強い心をもって生きていくための、新たな人生哲学が必要なのではないか。

本書の出発点は、そのあたりにあります。

大災害や原子力発電所の事故、経済の停滞、さらには領土をめぐる外国との対立など、さまざまな国難に直面している現在、わたしたちの生き方にも、大きな困難が懸念されるようになりました。

安定した生活に不安が忍び寄る時代、生きることがつらいと感じられる時代、目標が見失われた時代、未来に希望が見えない時代、こういう時代に、わたしたちはどのように対処して、自分の生き方を見つけていけばいいのでしょうか。

わたしたちが生きている《いま》という時代の、新しい生き方の指針となるような、新たな人生観を、釈迦《しやか》とイエスの言葉の中に探ってみたい。

そう思ってこの本を書き始めたわけですが、寺院や宗教儀式の話をするわけではありません。

伝統的な宗教は地域社会と融合し、父母や祖父母から受け継いだ生活慣習として確立されました。それらは荘厳な儀式を通じて、揺るぎのない価値観をもたらしてくれるのですが、現代社会に生きるわたしたちは、伝統的な慣習だけでは対応できない新たな局面につねに遭遇し、そこを乗り越えて先に進んでいかなければならないのです。

伝統や慣習を尊ぶことは大切ですが、いかに生きるべきかという指針が必要な時に、既存の宗教に頼ることはできません。

わたしが皆さんにお話ししたいのは、釈迦やイエスの直接の言葉です。

彼らが宗教を起こした当時は、当然のことですが、仏教もキリスト教も、一種の新興宗教でした。既存の宗教や、道徳、生活慣習などに対抗して、過激な論争を挑み、結果としてはまったく新しい価値観をもたらしたのです。

釈迦の言葉も、イエスの言葉も、現在では忘れ去られています。寺院の僧侶《そうりょ》も、教会の神父や牧師も、釈迦やイエスの直接の言葉を語ることはほとんどありません。そういう場所では、長い年月をかけて慣習化していった、大衆受けする口当たりのいい言葉が語られるだけなのです。

本書では、釈迦やイエスが登場した時代の背景を踏まえながら、彼らが提案した新しい価値観について考察し、それを《いま》の時代に活《い》かせないかといったことを考えていきたいと思います。

難しい話はしません。

気楽に読める宗教入門といった感じの展開の中から、新しい時代の新しい生き方といったものを提案したいというのが、いまこの文章を書いているわたしのコンセプトです。

最初に釈迦の生い立ちから布教活動に到《いた》るまでのお話をして、次にイエスについて語り、最後に、彼らの言葉を活かしながら、現代社会にどのように対応するかについて考えます。

釈迦の言葉では、キーワードとして、「諦《たい》」という言葉についてお話しします。この言葉は、サンスクリット（梵語《ぼんご》）の「サティア」（satya）に由来します。釈迦が悟りの境地に到達して最初に説いた教えが、「四諦《したい》」（四聖諦《ししょうたい》）と呼ばれるものです。

サティアの意味は「真理」という語が近いのですが、仏教が中国に伝えられた時に、この語に《諦》という漢字があてられました。漢字の《諦》にも真理という意味があるからです。「まとめ」という意味もありますし、「明らかにする」という意味もあります。しかし、この言葉には、「諦《あきら》める」という意味もあります。

日本語の「あきらめる」も、語源は「あきらか」ですから、もともとの意味は「明らかにする」でした。

たとえば、「強める」というのは、「強くする」ということですし、「早める」は、「早くする」ということです。ですから、「あきらめる」というのは、「明らかにする」と考えてまちがいないでしょう。

　真理を明らかにすると、それは諦めにつながるということですね。

　諦めというのは、欲しいものがあるのに我慢するといった消極的な意味ではなく、「見きわめる」「見切りをつける」といった、強い意志をともなった積極的な意味なのです。

　解決の難しい問題をかかえ込んで、悩んだり、絶望したりするのではなく、どうしようもない問題には《見切りをつけ》て、新たな方向に進んでいく。

　これが「諦」という概念です。

　キリスト教には、「諦」にあたる用語はないのですが、「隣人愛」（アガペー）という概念がこれに近いとわたしは考えています。

『新約聖書』を記述したギリシャ語には、「愛」に対応する言葉がいくつかあります。

　たとえば本能的な欲望や、美への強いあこがれを、「性愛」（エロス）と呼んでいます。これは自己へのこだわりから生じた、利己的な愛です。

　次に「友愛」（フィレオ）という言葉があります。家族や友人への穏やかな親しみを意味しています。

「隣人愛」と訳されることの多い「アガペー」は、無償の愛、見返りを求めない愛です。神やキリストが人間を救おうとするのも、このアガペーによるものですが、人間にも無償の愛があります。

次のイエスの言葉は隣人愛の基本精神を示しています。

「あなた自身のようにあなたの隣人を愛しなさい」（レビ記）

「人が右の頬《ほお》を打つなら左の頬をも向けなさい」（マタイ伝）

「上着を奪う者には下着をも与えなさい」（ルカ伝）

「皇帝のもの（銀貨）は皇帝に」（マルコ伝）

イエスは一貫して、こうした「隣人愛」を説き続けました。

この本では、「隣人愛」という言葉を用いることにしますが、神が人を愛するように、人は隣人を愛さなければならないということです。

さらに、「人が右の頬を打つなら……」というくだりは、隣人愛を超えて、敵を愛しなさい、というほどの、過激な思想をはらんでいます。

もちろんこの言葉は、特殊な状況の中で語られたものですから、その状況を抜きにして解釈するわけにはいかないのですが、そのことは章を改めて語ることにします。

ただここでは、隣人愛という概念は、単なる「やさしさ」ではなく、敵意をはらんだ過激な思想と隣り合わせなのだということを指摘しておきます。

「人が右の頬を打つなら……」に対して、「左の頬を向ける」というのは、勇気の要る行為です。だからこそ、イエスの思想は、より大きな広がりをもって多くの人々の胸を打ったのです。

自分の痛みに耐えて、より広い人類愛の大切さを主張する。これがイエスの主張です。

「あきらかにする」という言葉が、「あきらめる」という言葉につながっていくのも、自分へのこだわりを捨てて「隣人」に目を向け、さらには「社会」や「人類」などの、より大きなものに身を任せて融和していくというプロセスなのです。

そのことを順を追ってお話しするとともに、《いま》という時代にわたしたちが直面している問題について、《諦》や《人類愛》というキーワードを用いて、その解決法を説き明かしていきます。

なお、「諦念《ていねん》」という言葉があるように、「諦」という漢字には「テイ」という音《おん》をあてることが多いのですが、仏教用語は中国の南部の発音であった呉音で読みますので、「タイ」と読まれています。

本書でも仏教用語の「四諦」を念頭において、諦《たい》と読むことにしますが、仏教だけにとらわれずに、新しい時代の、新しい生き方の指針ととらえていただければと思います。

釈迦とイエスという偉大な思想家の言葉を解明しながら、読者の皆さんに、新しい時代の新しい生き方といった一種のビジョンをお伝えできればと念じています。

# 目次

# 第二章　諦という生き方

仏陀とは何か
誰もが菩薩であるという大乗の思想
日本のお経はなぜ難しいのか
『維摩経』と『法華経』
お経に登場する多くの仏陀たち
悟りに到るさまざまな方法
釈迦の最初の教えとは
正しさの指針となる「中道」という概念
国の秩序を保つために使われた仏教
素朴な実在論を否定する「十二縁起」
釈迦の思想の根幹となる「空」とは何か
欲望との正しいつきあい方
無理をせず、ふつうに生きる
釈迦の教えにひそむ反骨精神

## 第三章　イエス――神の子の誕生――97

## 第五章　釈迦とイエスが説く「これからの生き方」——183

# 第一章　釈迦——悟りへの道

## 釈迦の生まれた時代

日本人にとって、釈迦とは、どういう人でしょうか。

釈迦の誕生を祝う「花まつり」は、多くの寺院で実施される灌仏会《かんぶつえ》の儀式で、花を飾り、子どもたちに甘茶をふるまったりするのですが、日本ではイエス生誕のクリスマスの方が、はるかに生活にとけ込んでいます。

イエスが宿屋の馬屋で生まれ、飼葉桶《かいばおけ》に寝かされていたことや、羊飼いや東方三博士がお祝いに駆けつけたことなど、イエスの生誕についてはよく知られていますが、釈迦の場合はどうでしょうか。

釈迦の生年は特定されていません。紀元前五世紀の前半という説が有力ですが、前六世紀という説もありますので、いまからおよそ二千五百年前、と考えておいてください。ヨーロッパの暦（西暦）ではイエスの生誕を紀元一年としています。つまり釈迦は、イエスよりも五百年ほど前に生まれたということですね。

誕生日は四月八日ですが、これも伝説というしかありません。

シャーキャー族の人々が築いた都市国家、カピラヴァストゥの近郊の、ルンビニという庭園で、樹木の花に手を伸ばそうとした母親のマーヤー（摩耶夫人《まやぶにん》）の右の腋《わき》から誕生したとされ、生まれた途端に七歩進んで立ち止まり、右手で天を、左手で地を指差し、「天《てん》上天下唯我独尊《じょうてんげゆいがどくそん》」とつぶやいたとされています。

もちろんこれは伝説にすぎないのですが、ルンビニがあったとされる地に、紀元前三世紀にアショカ王（前三〇四～前二三二）が建立した石碑（円柱）が残っていますので、釈迦がこのあたりで生誕したことは史実でしょう。

現在ルンビニは、釈迦の生地として、観光スポットになっています。東西に長いネパールのほぼ中ほどの、インドとの国境に近いところに位置しています。

当時は豊かな穀倉地帯が広がるガンジス河の流域を、上流（西部）はコーサラ国、下流（東部）はマガダ国が支配していました。いずれもアーリア民族系の国王が統治する大国です。

シュッドーダナ王と呼ばれる父は、カピラヴァストゥの国王でした。小さな王城を構えたこの国は、コーサラ国の属国とされていましたが、いちおうは自治を許された小国家でした。

釈迦はシャーキャー族の出身で、のちにその部族の名から、釈迦牟尼《しゃかむに》（釈迦尊者）と呼ばれるようになりました。

現在、ネパールや近くのブータンには、黄色人種（チベット系）の人々が多く住んでいます。アーリア系のように見えても、インドの先住民と混血した人々も少なくないでしょう。

わざわざ「シャーキャー族」というくらいですから、釈迦の一族は正統なアーリア系ではなかったと思われます。

アーリア人はイラン人やギリシャ人ともつながりのある彫りの深い顔立ちの民族で、言語的にもヨーロッパのゲルマン民族などとも共通の「インド・ヨーロッパ語族」に分類されています。彼らはロシアのコーカサスから南下し、イランのあたりを制圧しました。そこから西に向かったのがギリシャ人、東に向かったのがインドのアーリア人です。

とはいえ、アーリア人は、武力で全面的にインド亜大陸を制圧したわけではありません。コーサラ国とマガダ国という二大強国が対立していましたから、そちらの方にも軍備を割《さ》く必要があります。恭順の姿勢を示した周辺の小国は、とりあえず属国という形でゆるやかに支配するということになっていたようです。

釈迦が生まれたカピラヴァストゥも、コーサラ国の属国ではあるものの、ある程度の自治を認められていました。

釈迦はガンダーラ美術の仏像などを見ると、目が大きく鼻が高いアーリア民族の特徴を示しているのですが、これはガンダーラ美術そのものが、ギリシャ彫刻の影響を受けているせいでしょう。

日本人のわたしとしては、釈迦の一族はチベット系の黄色人種ではなかったかと考えたいところですが、少なくとも少数民族であったことはまちがいありません。

## 小国の王の後継者

のちに釈迦は、マガダ国のビンビサーラ王の支援を受けて、仏教教団を拡大していきます。マガダ国の近くのガンジス河流域には、少数民族の商人たちが、小国を作っていました。マガダ国の経済はガンジス河による運輸や交易で支えられていましたから、ビンビサーラ王は少数民族の商人たちの自治を認めていたのです。

釈迦はアーリア民族の王侯貴族と少数民族の商人たちの融和をはかることで、仏教教団を拡大してきました。釈迦自身が少数民族の出身なので、ガンジス河流域の小国の商人たちの信頼を得たのでしょう。釈迦が少数民族の出身であったということは、釈迦の思想の根幹に関わる重要なポイントです。

釈迦の父は小国の王であったとされています。この王という地位は、絶対的な君主という意味ではありません。近隣の村々の村長など有力者によって支えられた、共同体の代表者といった程度の権力者だったようです。

カピラヴァストゥは城壁都市でしたが、これもささやかな城壁だったと思われます。

日本で生まれ育つと、城壁都市というものにイメージが湧《わ》かないのですが、ヨーロッパからアジアにかけてのユーラシア大陸には、ごく小さな街でも城壁を備えているところが見受けられます。

大陸はどこまでも地続きで行けるため、騎馬民族など外敵の襲撃を受けることがあるからです。

とくに狙われるのは穀物を栽培する農業地帯です。穀物は年に一度か二度の収穫期があり、そこで穫《と》れた穀物で、半年なり一年なり、食いつないでいくことになります。ですから貧しい農村でも、収穫直後は資産をかかえることになります。ここを狙われて、収穫したばかりの穀物を収奪されたのでは、農民たちは生きていけません。

そこで農民たちは協同で城壁都市を築き、穀物倉庫を作ります。その倉庫のガードマンのリーダーのような人物が、やがては王と呼ばれるようになったのです。

王は世襲制だったようで、長男の釈迦は、生まれながらに王の後継者であることが義務づけられていました。

「釈迦」というのが部族の名称だということはすでにお話ししましたが、弟子たちが師の名前を直接に呼ぶことを畏《おそ》れ多いと感じ、師の出身の部族名を用いて、「シャーキャー族の尊いお方」という意味で、釈迦牟尼とお呼びしたのが始まりです。

その釈迦の本名は伝えられています。

初期仏教経典はしばらく口述で伝えられたあと、インド東部で文字にされましたので、その地域の話し言葉のパーリ語で記述されています。一方、釈迦の活動時期からおよそ五百年後に起こった宗教改革で生まれた大乗仏教では、最初から文語のサンスクリット（バラモン教の経典『ヴェーダ』や哲学書『ウパニシャッド』などが記述された言葉です）で経典を編《へん》纂《さん》しました。

日本に伝えられたのはこのサンスクリット経典が漢訳されたものです。サンスクリットでは釈迦の名を、「ガウタマ・シッダルタ」と表記しています。

近年は初期仏教の研究が盛んで、パーリ語経典の口語訳も揃《そろ》っています。そこでは、釈迦は「ゴータマ・シッダッタ」と呼ばれています。

どちらが正しいというものではありません。わたしのこの本では、「釈迦」と呼んでおきます。

## 若き釈迦の屈辱と絶望

釈迦は小国の王子として生まれましたが、その立場は微妙なものでした。

カピラヴァストゥは西の大国コーサラの属国でした。コーサラは東の大国マガダとほぼ対等の勢力をもつ強大な国家です。

紀元前６世紀ころのインド

周辺の属国の立場は弱いものでした。

コーサラ国は強大な武力を有していますから、いつでも属国を直轄地とすることができます。ただ小国の数は多く、地域も広大なため、支配地のすべてを直轄地にすることができないので、当面は小国に自治を許して属国としていたのです。

マガダ国との対立が緩和されたり、戦力に余裕ができれば、直轄地を増やしていくというのが、大国コーサラの基本姿勢です。

ですから釈迦の生まれた小国も、いわば風前の灯火《ともしび》のような弱い立場にあったようです。

実際に、釈迦が教団を率いるようになった直後に、カピラヴァストゥはコーサラ国に侵略されて、親族たちは路頭に迷い、釈迦の教団に所属することになります。

従弟のアーナンダ（阿難《あなん》）は釈迦の側近になりました。

また釈迦の養母（生母が出産直後に亡くなったため母の妹が育ての親になりました）を引き取らなければならなくなったため、教団に比丘尼《びくに》（女性の僧）という制度を設けることになりました。当時のインドは男尊女卑の風潮が強かったので、女性を教団に加えるというのは、画期的なことでした。

おそらく釈迦は、青年のころから、カピラヴァストゥに未来はないと見切りをつけていたのでしょう。

異民族に支配される屈辱と絶望感を、若き釈迦は感じていたはずです。

釈迦はそこから出発したのです。

## なぜ妻子を捨てて旅に出たのか

釈迦の生涯は伝説として語られたものなので、実像はよくはわからないのですが、それでも語り継がれた伝説を通して、釈迦が偉大な教祖になるまでの足跡を、ある程度はたどることができます。

「四門出遊《しもんしゆつゆう》」という伝説があります。

将来に絶望して沈み込んでいる釈迦に対し、父の王が馬車を与え、郊外に出て気晴らしをするように促します。

東門から郊外に出た釈迦は、そこで老人に出会います。南門から出た時には、病人と出会います。西門から出ると、今度は死人に出会います。老、病、死という、人間が必ず体験しなければならない苦しみを、そのつどまのあたりにしたのですね。

最後に、釈迦は北門から外に出ます。すると旅の修行者と出会います。その時に初めて、釈迦は希望を感じます。そして、自らも修行者となって、旅に出ようと決意するのです。

これは伝説ですから、よくできた話ではあるのですが、リアリティーはありません（城内にも老人や病人はいたはずです）。しかし、老、病、死という「苦」は人間にとっての普遍的で不可避な課題ですから、民族問題よりもさらに大きな哲学的テーマだといっていいでしょう。

青年時代の釈迦が、そのような大きなテーマを課題として、やがて修行の旅に出る決意をするというのは、十分にありえる話だとわたしは考えます。

ただ釈迦は、すぐに旅に出たわけではありませんでした。

跡継ぎの問題があったからです。

釈迦は小国とはいえ、王位を継ぐ立場にあった皇太子でした。弟はいなかったようです。ですから、旅に出るわけにはいかなかったのです。

しかし釈迦が二十九歳になった時、妃《きさき》のヤショーダラが男児を産みます。釈迦はその子をラーフラと名づけるのですが、これは「障碍《しょうがい》」という意味で、日食や月食を引き起こす暗黒星の名でもあります。しかしまた竜頭《りゅうとう》を意味することもあり、釈迦の父はこの命名を喜んだと伝えられます。

釈迦としては、子への思いが足かせになって、旅に出る決意が鈍るのではないかというおそれから「障碍」と命名したのかもしれません。

とはいえ、男児が生まれたことは、釈迦に決意を促すきっかけとなりました。自分が旅に出ても、子（父の王にとっては孫）を後継者にすれば、皇位継承の問題はなくなります。子が育って可愛《かわい》くなっていけば、ますます愛着が大きくなっていくことでしょう。旅に出るのはいましかないと、釈迦は決断しました。

そして、「沙門《しゃもん》」（シュラマナ）となって修行の旅に出たのです。

釈迦は故郷を捨てて、いわば出家したわけですが、まだ仏教という概念がないので、僧になったわけではありません。

インドの伝統的な宗教であるヒンドゥー教は、当時はバラモン教と呼ばれていました。

バラモンはヒンドゥー教の僧ですが、これは世襲制ですので、バラモン階級に生まれた者でなければバラモンにはなれません。

しかし当時のインドでは、バラモン教に依《よ》らない新たな宗教や哲学を求めて、修行を続けながら教えを説く導師が、各地に点在していました。そうした導師を訪ねて修行をする人々を、「沙門」と呼び、バラモンとは区別していました。

釈迦もまた一人の沙門として、遍歴の旅に出ることになります。

## ギリシャ哲学の影響

釈迦が生まれた紀元前五世紀というと、古代ギリシャでソクラテス（前四六九〜前三九九）や弟子のプラトン（前四二七〜前三四七）が活躍していた時期と重なります。

ギリシャとインドのアーリア民族は、人種的にも言語的にも、親戚《しんせき》だと考えられていますし、多神教であることや、哲学が盛んで論理的思考をするなど、いくつも共通点があります。

商業が盛んだったというところも、類似性があります。

商業というのは、運輸業を兼ねています。A地点からB地点に物資を運ぶ。その手間賃を得るということだけではありません。たとえば小麦の穫れない乾燥地帯では、オリーブやブドウが穫れます。そこからオリーブ油や葡萄酒《ぶどうしゅ》を穀倉地帯に運べば、大量の小麦と交換できます。それをまた乾燥地帯に運ぶことで、商人は富を蓄積していきます。

その地方にないものを運べば高く売れます。その地方で余っているものは安く仕入れることができます。つまりA地点からB地点に物資を運搬するということは、ただの運搬ではなくて、双方で希少価値という、新たな価値を創出しているのです。

その商業を支えているのは、海運です。シルクロードなどではラクダが活躍するのですが、ギリシャ人たちには地中海という天然の産業基盤がありました。ギリシャ人たちは穏やかな海を自在に駆け回る航海術と、海賊を退治する武力によって、地中海沿岸を支配し、富を築いたのです。

同じようにインドのアーリア民族は、ガンジス河の河川交通を支配していました。実際に運搬や交易にあたったのは、昔からその地域で活躍している少数民族の小国の商人たちなのですが、コーサラ国やマガダ国は武力によってガンジス河沿岸の治安を維持し、そのことによって商人たちから税を取り立てて、資産を増やしていたのです。

商人たちにとっても、大国が治安を維持してくれれば、商売がやりやすくなります。商業が盛んになれば、王侯貴族は税収を増やすことができます。王侯貴族と商人たちが手を結ぶことで、当時のインドは経済的に発展し、大きな富を築いていました。

商業が盛んな地域は情報交換が盛んで、進歩的な雰囲気が漂っています。伝統的な宗教に頼らずに、新しい生き方、新しい哲学を求める風潮があったという点でも、ギリシャとインドは共通しています。

## 万物の元を探る存在論の興隆

ここでは比較のために、まずギリシャの哲学について話しておきましょう。

たとえばミレトス学派のターレス（前六二四頃～前五四六頃）は、「万物のもとは水である」という言説を提出しました。あらゆる物質は水という元素で組成されているということですね。万物が水という単純な物質で作られているのなら、人や生物が死ぬということは、体を組成していた物質が水に還《かえ》るということを意味します。

つまり、ターレスの主張は、霊魂などというものはなく、ただ水という物質があるだけだということなのです。

少しあとに出現したデモクリトス（前四六〇頃〜前三七〇頃）はこれ以上「分割できない」（ギリシャ語でアトム）という最小の粒子を想定しました。ここから原子論が起こります。

のちにこれを受け継いだエピクロス（前三四一〜前二七〇）は、すべてが原子でできていると考えると、心が安楽な境地に到達できるという一種の宗教を起こしました。エピクロスの思想は日本では「快楽主義」などと訳されていますが、快楽を求めたのではなく、仏教の悟りの境地のようなものを提唱したのです。

このように、万物の元を探る元素説や原子論は、心の平安をもたらすために提唱されたもので、自然哲学と宗教とは、密接に結びついているのです。

元素説については、ターレスが万物の元は「水」だと主張したあと、ヘラクレイトス（前五三五頃〜前四七五頃）の「火」説、アナクシメネス（前五八五頃〜前五二五頃）の「空気」説など、さまざまな言説が生まれました。それらを統合したエンペドクレス（前四九

○頃〜前四三○頃）の四元素説は、のちのアリストテレス（前三八四〜前三二二）にも評価されました。

エンペドクレスの四元素とは、先人たちの「水」「火」「空気」に「土」を加えたもので、この四種の元素の組み合わせで、すべての物質が組成されると考えました（アリストテレスはこれに神の領域の元素としてエーテルを加えたのですが）。

エンペドクレスの四元素説とまったく同じ四元素説を唱えていた哲学者がインドにいました。

アジタ・ケーサカンバリンという導師です。アジタは「地・水・火・風」の四元素説を唱えていました。釈迦はのちに、教義の中に「五大」と呼ばれる存在論を採り入れていますが、それは一種の五元素説で、アジタの四元素に「空《くう》」を加えたものです。おそらく釈迦は修行中に、アジタの弟子たちから、存在論を学んだのでしょう。

このように、当時のインドでは、古代ギリシャの時代と同様、存在論が盛んでした。他にもさまざまな存在論者がいて、「六師外道《ろくしげどう》」と呼ばれていました。

## 釈迦のライバル六師外道

アジタは六師外道の一人ですが、この「外道」という言い方は、のちの仏教教団から見た、教団外部の導師というくらいの意味ですから、けっして道に外れた人というわけではありません。

六師外道とは、むしろ釈迦が修行している時期に、ガンジス河流域で人気のあった導師のベスト6というふうに受け止めてください。

他にどんな導師がいるか、参考のために挙げておきます。

まずはパクダ・カッチャーヤナ。この人は七元素説を唱えました。アジタの四元素説に「苦・楽・霊魂」を加えたものです。物質の要素としての四元素に、精神的な要素を追加したのです。

こういった存在論者は、要するに万物はただの物質にすぎないのだから、死んだあとは無に帰るだけで、輪廻《りんね》を恐れる必要はないということを主張しました。

ここで「輪廻」という概念が出てきましたので、少し説明しておきましょう。

輪廻（サンスクリットでサンサーラ）はバラモン教（ヒンドゥー教）の基本的な世界観です。

人にも生き物にも、魂があり、生命が滅びても魂は不滅であり、別の生き物に生まれ変わるというのが、輪廻という考え方です。

しかも生きている間になした行為、すなわち業《ごう》（カルマ）の善悪によって、どのように輪廻するかが決まるということになっています。これを善因楽果《ぜんいんらっか》、悪因苦果《あくいんくか》、自業自得《じごうじとく》といいます。

生きているものには六種の生き方（六道《ろくどう》）があります。最上の生き方は「天」と呼ばれる神さまに生まれることです。「天」の次が「人間」、それから「修羅《しゅら》」「畜生」「餓鬼」、それから「地獄」ということになります。

修羅というのは阿修羅《あしゅら》ともいいますが、神々の王である帝釈天《たいしゃくてん》に敵対した魔神の類で、のちには仏教の守護神と考えられるようになりました。

畜生というのは、人間以外の動物のことで、虫の類もここに入ります。

餓鬼というのは、想像上の生物で、姿は見えないけれども、地上にうようよいる卑しい鬼の類だとされています。

最後の地獄というのは、「奈落《ならく》」などともいい、重罪を犯したものが落とされて業苦《ごうく》に悩む場所とされています。

こうした六道を輪廻するという考え方は、道徳や倫理の支えになります。畜生に生まれ変わったり、地獄に堕《お》ちたりする恐怖が抑止力となって、悪業をなす者が減り、世の中の秩序が維持されるというわけです。

## 輪廻からの脱出を目指して

バラモン教は、支配者階級のバラモンによって、インドの民衆に伝えられました。バラモン教の教えでは、支配者に反逆するのは最大の悪業とされたので、支配者にとってはつごうのいい世界観だったのです。

バラモンは純粋のアーリア民族です。アーリア人が異民族を支配するのに、バラモン教を広く民衆に布教し、世界観を押しつけたともいえます。

釈迦が起こした仏教は、当時の民衆の基本的な世界観をそのまま受け容れていますので、この輪廻という考え方も踏襲しています。というよりも、無限に続く輪廻からいかに脱出するかというのが、仏教の基本原理だといっていいでしょう。

輪廻からの解放。これこそが、当時の導師たちに与えられた最大のテーマで、容易には解けない難問だったのです。釈迦もまたこの難問をかかえて、修行を続けました。その修行の過程では、同時代の導師たちの言説に耳を傾けたはずです。

アジタの四元素説は、人間が死ねば四元素がバラバラに分解するだけなので、輪廻することはないという世界観によって、輪廻への恐怖を克服しようとするものです。

パクダの方は、七元素の中に「霊魂」を入れています。つまり霊魂の存在は認めているのですが、霊魂も一元素にすぎないとすることで、霊魂に特権的な価値を認めないという立場です。「楽」も「苦」も一元素で、生きている間の行為すなわち業との間に、因果関係はないのです。

ということは、どんなひどいことをしても地獄に堕ちることはないということになり、道徳や倫理が崩壊してしまいます。

プーラナ・カッサパという導師も、動物を殺すことも、人間を殺すことも、悪ではなく、地獄に堕ちることはないという、暴力肯定論ともとれるような大胆な思想を展開しました。

マッカリ・ゴーサーラは因果律を否定しました。善行があって楽があり、悪行があって苦があるという、原因と結果がつながっている因果律ではなく、来世がどのようになるかは運命によってすでに決まっているので、じたばたしても遅いのだと説いたのです。

六師外道の中で最も有名なのは、ニガンタ・ナータプッタです。この名前よりも、ジャイナ教の教祖マハーヴィーラー（大雄）という呼び方が知られています。仏教から見れば「外道」の一人に数えられていますが、もちろんジャイナ教（現在のインドでも多くの信徒がいます）の信徒にとっては、ニガンタの教えの方が正道です。

ニガンタも存在論としては五元素説を唱えたのですが、アジタの四元素説のように物質を四種に分けたのではなく、物質全体を一つの元素と考え、さらに霊的なものや、より根源的なものを含めた世界観を提示しました。

ニガンタの五元素とは次の五つです。

「物質」
「霊魂」
「虚空」
「ダルマ」（運動の原理）

「アダルマ」（静止の原理）

この五元素はアジタの四元素よりも、より抽象的で根源的なものになっています。霊魂を認めていますし、道徳や倫理に支えられた「業」というものも認めています。ですから、そのままでは輪廻から脱出することはできません。

ニガンタの教えの神髄はその先にあります。「業」を乗り越えて輪廻から脱出した勝者《ジナ》（ここからジナ教またはジャイナ教と呼ばれます）となるための行動原理こそが、ニガンタの教えの大切なところです。

勝者というのは、「輪廻から脱出した者」という意味で、仏教の「仏陀《ぶつだ》」とか、「如来」という概念と、ほぼ同じです。

どうしたら「勝者」になることができるのか。

ニガンタは「禁欲」だと説いています。彼は五という数字が好きだったようで、五元素に続いて、五戒というものを設定しています。五戒とは、無傷害、不妄語《ふもうご》、不偸盗《ふちゆうとう》、不《ふ》淫《いん》、無所得です。人を傷つけず、嘘《うそ》を言わず、盗みをせず、淫《みだ》らなことをせず、所有欲を捨てる。こういう努力を怠らなければ、地獄に堕ちることも、畜生に生まれ変わることもないというのが、ニガンタの教えです。

ジャイナ教徒は禁欲的に質素に生きることで、迷いや悩みから解放されたようです。ただし、質素に生きることを徹底するために、裸行派と呼ばれる人々は衣服もまとわずに森の中で修行を続けました。残念ながらこういう人々は後継者もなく大きな流れにはならなかったようです。

一方、白衣派《びゃくえ》と呼ばれる人々は、染色していない粗末な衣をまとって質素に生きました。信徒には商人が多く、白い衣の商人たちは、過剰な利益を求めないので人々に信用され、結果的には商売も成功して、インド社会で一定の役割を果たしているといわれます。

## 禁欲から新たな悟りの境地へ

禁欲というのは、仏教にとっても重要な要素です。しかし釈迦は、禁欲ということにとらわれすぎてもいけないと説きました。ここがジャイナ教と異なる、仏教の特質だといっていいでしょう。

存在論の面では、釈迦は五元素説をとると同時に、のちには五戒も設定しました。

ニガンタと違っているのは、ジャイナ教の「不淫」が、仏教では「不邪淫《ふじゃいん》」となっていることと、「無所得」のかわりに「不飲酒《ふおんじゅ》」が入っていることです。どちらが厳しいかというのは、判断の分かれるところですが、釈迦は同時代の思想家からも、学べるものがあれば学ぶという姿勢をもっています。

しかし存在論や戒律は、仏教の中心テーマではありません。そのことはあとでお話しするとして、存在論については、釈迦は何ものも実在しているとはいいがたいという、一種の不可知論に近い考え方をもっていました。

まだご紹介していない六師外道の最後の一人サンジャヤ・ベーラッティプッタも、不可知論を唱えていました。

不可知論というのは、要するに、わたしたちは何も知ることはできないという考え方です。何も知ることはできないのだから、存在論で論争する必要もないし、そもそも輪廻というものがあるのかどうかもわからないのだから、何も思い悩むことはないのだということになります。

釈迦も同じような不可知論を唱えています。論争の無意味さを強調して、そこからさらに先に進まなければならないのだというのが、釈迦の教えの重要なところです。

わたしたちは何も知ることはできないと口で言うのは簡単なことです。それで心が静かになればいいのですが、人間の心は弱いものですから、不安にかられたり、欲望に負けて心が動揺したりして、なかなか静かな境地になれないというのが実情でしょう。

やっぱり輪廻というものはあるのではないかと不安になって、地獄に堕ちるのではないかということが気にかかります。禁欲しなければならないと思っていても、欲望に負けて、所有欲、食欲、性欲におぼれ、ますます不安になってしまいます。

## 釈迦が悟りに到った瞬間

存在論に関して、サンジャヤと釈迦の認識に大きな隔たりがあるわけではないのですが、釈迦はそこからさらに一歩、前に進み出しました。

すなわち「仏陀」という考え方です。

釈迦は悟りの境地に到達しました。

実際にどういう状態になったのかは不明です。とにかくふつうの人間ではなく、仏陀という特別の存在になったのです。

伝説が残されています。それによれば、釈迦はまず断食の修行を続けていました。人間の欲望の中で、最も強いものは、生存本能から発生する食欲でしょう。この食欲を抑制する修行が断食です。仏教だけでなく、さまざまな宗教で、断食は励行されます。ただしこの時の釈迦は、まだ仏教が確立される以前ですから、戒律によって定められた修行ではなく、純粋に真理を求める試行錯誤の一つとして、断食に取り組んでいたはずです。

断食のさなかに、釈迦は自分が取り組んでいる修行について、懐疑の念を抱くことになります。断食を続けていると、何としても断食をしなければならないという思いが強くなって、それが一つの欲望のようになり、心が乱されているのではないか。

断食へのこだわりが、妄執のようなものになっているのではないか。

そう考えていたところに、近くの村の娘が訪れて、乳糜《にゅうび》と呼ばれる、米をミルクで煮た粥《かゆ》のようなものを届けます。

伝説によれば、娘はスジャータという名で、神のお告げによって釈迦のもとに乳糜を届けたことになっています。

釈迦はスジャータが献《ささ》げた乳糜を食します。すると、断食へのこだわりが消えて、穏やかな心境になります。その静かな境地の中で、瞑想《めいそう》に耽《ふけ》っているうちに、釈迦は悟りに到達したと伝えられています。

釈迦はそれまで五人の仲間とともに修行を続けていました。しかし釈迦が断食の途中で食物を摂《と》ったことから、仲間たちは釈迦のもとを去っていきました。悟りを得た釈迦は、仲間を追いかけます。

鹿野園《ろくやおん》という地で五人の仲間に追いついた釈迦は、仲間たちに向かって教えを説きます。「初転法輪《しょてんぼうりん》」と呼ばれる最初の説法です。

釈迦の教えについては、次章で詳しく語ることになりますが、ここで何よりも重要なのは、釈迦が悟りの境地に到達したということでしょう。

# 第二章　諦という生き方

## 仏陀とは何か

本章では、悟りの境地に到達した釈迦が説いた「諦《たい》」という教えについて考えていきたいと思います。

さて、悟りの境地と言いましたが、釈迦が出現したのちの五百年ほどの間、釈迦の直弟子や後継者の中から悟りの境地に到達した者は一人もいませんでした。

悟りの境地の一歩手前というところまで行った修行者のことを、阿羅漢《あらかん》（アルハット）といいます。その中でもとくに優れた人々を十六羅漢と呼び、その名も残っているのですが、こうした高僧でも、仏陀と同等の悟りには到達しなかったとされています。

教祖の釈迦を尊敬し、釈迦だけは特別だと考える後継者たちが、仏陀になったのは釈迦だけだという伝説を作り上げたのでしょうが、彼らもそもそも仏陀とは何か、悟りの境地とは何かということが、よくわからなかったのではないかと思われます。

悟りの境地というのが何なのか、簡単にわかってしまったら、誰もがすぐに悟りの境地に到達して、悟りというものの神秘性がなくなってしまいます。

悟りの境地というものは永遠の謎なのです。

しかし輪廻転生のサイクルから脱出した存在が仏陀であり、自分たちも仏陀になりたいというのが仏教の信徒たちの目標でもあるのですから、そもそも仏陀とは何なのかということがわかっていなければ、信徒の信頼を得ることは難しいということもできます。

修行をしていた釈迦が、どのようにして仏陀になったのか。仏陀が到達した悟りの境地というものが、実際にはどういう状態をいうのか。これこそは仏教の根本的な宗教原理だといってもいいでしょう。

どうやったら悟りの境地に到達できるのかという方法論や、悟りの境地をどのように解釈するかという認識論をめぐって、さまざまな学説が提出されました。

そして初期仏教教団はさまざまな部派に分裂していきます。初期仏教教団を部派仏教と呼ぶことがあるのはこのためです。また釈迦以来の伝統を守り続けているという意味で上座部《じょうざぶ》仏教と呼ぶこともあります。

上座部仏教は現在も、タイやスリランカの仏教に伝えられています。伝統的な仏教にもそれなりの魅力があり、民衆によって支えられてきたということは、まぎれもない事実です。

一方、釈迦の没後、釈迦による仏教教団の成立から五百年ほど経過した時期に、ガンジス河流域の商業都市を中心に、画期的な宗教改革が実現しました。すなわち、大乗仏教の誕生です。

中国や朝鮮半島を経て日本に伝えられたのは、その大乗仏教です。話を少し先取りすることになるのですが、大乗仏教とは何かということを、簡単にお話ししておきましょう。イエスがキリスト教の基礎を築いてから、ヨーロッパで宗教改革が起こり、プロテスタントと呼ばれる新しい宗教が発生するまでに、およそ千五百年の年月が必要でした。ところが釈迦が仏教を起こしてから大乗仏教が発生するまでには、五百年くらいしかかかっていないのですね。

そこにはいったい何があったのでしょうか。

まずは伝統的な上座部仏教の分裂ということがあります。仏陀とは何かということを究めるために、認識論や哲学があまりに難解になり、また見解の対立があって、部派仏教と呼ばれるほどにさまざまな宗派が生じ、大衆がついていけないような状態になっていたことも原因の一つでしょう。

また伝統的な仏教が形式主義に陥っていたということもあるでしょう。堅固な組織を作り、限られた高僧たちが上座部という組織の上層に君臨していて、若い僧や在家信者からは遠い存在になっていたのです。

## 誰もが菩薩《ぼさつ》であるという大乗の思想

これに対して、誰もが仏陀になれると説く新しい仏教が生まれました。すなわち大乗仏教です。誰もが悟りの境地に到達できるというので、「大きな乗り物」すなわち「大乗仏教」と呼ばれるようになりました。

そうした宗教改革の背景には、商業の発達ということが一つの推進力になっていました。というのも、大乗仏教の中心地が、ガンジス河の支流に接したヴァイシャーリーという街だからです。

この街はのちほどご紹介する『維摩経《ゆいまきょう》』の舞台にもなっているところで、釈迦もここに、マガダ国の竹林精舎《ちくりんしょうじゃ》、コーサラ国の祇園《ぎおん》精舎に次ぐ、第三の拠点ともいうべきアームラパーリー園という修行の場を開設していました。

インドにはカーストと呼ばれる厳しい階級制度があります。四つのカーストは上位から順に、バラモン（バラモン教の僧侶）、クシャトリア（王侯貴族）、ヴァイシャ（一般市民）、スードラ（奴隷）と呼ばれています。

ヴァイシャーリーという街の名からもわかるとおり、この街はカーストの三番目の市民階級に属する商人たちが、大国に隷属することなく独立自治による小国を形成している都市国家でした。

自由な気風があり経済的にも豊かな都市の市民たちは、形骸化《けいがいか》した保守的な上座部仏教には満足できず、やがて「菩薩団」という民間の運動体を組織して、新たな宗教運動を起こすようになりました。

「菩薩」は、「悟りを求める人」というくらいの意味で、本来なら教団の僧侶も、居士《こじ》と呼ばれる在家信者も、すべてが「悟りを求める人」であるはずなのですが、上座部仏教では、教団の限られた高僧だけが悟りに向かっていると考え、高僧たちと信徒の間には大きな隔たりがあったのです。

そこで在家信者の商人たちは、「自分たちも菩薩だ」と宣言して、新たな組織を作りました。これが「菩薩団」です。「団《ガナ》」というのは、「商人たちの組合」という意味合いの言葉で、そのまま訳せば「菩薩組合」といった感じになります。

そうした進歩的な商人たちの間に起こったのが大乗仏教です。誰もが菩薩であり、やがてすべての人々が仏陀になれる。これが大乗仏教の理念です。

その理念を、単なる理屈やレトリックではなく、まるでミュージカルのような戯曲形式をもち込んだり、時にはファンタジーのようにスペクタクルといっていいようなイメージを駆使して展開したのが大乗仏典です。

難解になった上座部仏教に対して、大乗仏教はわかりやすい。これが最大の特徴といっていいでしょう。

## 日本のお経はなぜ難しいのか

お経が「わかりやすい」などというと、読者は意外に思われるかもしれませんが、わたしたちが親しんでいる漢訳経典は、要するに中国語の文献ですから、日本人に難しいのは当然のことです。

さらにふつうの漢文より難しいのは、仏典にはもともとの漢語ではない難解な言葉が書き込まれているからです。インドの言語であるサンスクリットを漢訳する時に、適当な漢語で翻訳できない言葉は、日本人がカタカナで表記するように、原語の発音をそのまま漢字で表記する「音写」という手法を用いました。この部分は仏教用語を知らなければ、中国人でも理解できません。

たとえば、宇宙の真理を表す「ダルマ」というサンスクリットは、意訳して「法」と訳すことが多いのですが、場合によっては音写して「達磨《だるま》」という語を用いることがあります。

般若（プラジニャー／言葉にならない知恵）とか、波羅蜜多（パーラミター／悟りに向かう方法）という語は意訳することが難しいので、音写の語をそのまま使っています。仏陀（悟りに到達した人）、菩提薩埵《ぼだいさつた》（ボーディサットヴァ／悟りを求める人）、檀那（ダンナ／布施をする人）、奈落（ナラカ／地獄）といった言葉も、サンスクリットを音写した語です。

座禅を組んで瞑想に耽る修行をサンスクリットでは「ディヤーナ」といいます。意訳すれば「定《じょう》」なのですが、音写の「禅那《ぜんな》」も用いられることがあります。また音写と意訳を合体させた「禅定《ぜんじょう》」という言葉もよく使われます。

音写した翻訳語は、いわば外来語ですから、仏教の知識がなければ理解できません。最もよく読まれる『般若心経《はんにゃしんぎょう》』でも、冒頭に出てくる「般若波羅蜜多」というのが音写した語ですから、漢字をじっと見つめても、意味がわかるわけがないのです。

そういうわけで、いきなり漢文の経典を読んでもわけがわからないのは当然のことなのですが、現在では口語訳の文庫本も出ていますし、『一冊でわかる！「仏教」って何？』（三田誠広著／講談社＋α新書）というようなわかりやすい本も出ています。

これだけでは自分の本の宣伝になってしまいますので、大乗仏典のおもしろさを、簡単にダイジェストでご紹介しましょう。

## 『維摩経』と『法華経《ほけきょう》』

『維摩経』は維摩居士という在家の商人が、釈迦の十大弟子や菩薩たちをコテンパンに論破していくという痛快な物語です。十大弟子というのは伝統的な上座部仏教では重要な聖人であるとされていますし、僧侶たちにとっては偉大な先輩です。その十大弟子を在家の商人（実は阿閦《あしゆく》如来の化身なのですが）がことごとく論破し、やりこめていくわけで、小乗仏教（伝統的な仏教を批判した言い方です）に対する鋭い批判がこめられています。

この作品には、世界にはさまざまな仏陀がおられ、それぞれの仏国土があるという、大乗仏教の世界観の一端が示されていますが、のちの禅宗や密教にも通じる、「言葉にならない知恵」にまつわる禅問答のようなやりとりが書かれていますので、多くの宗派で大切な経典とされています。

『法華経』（正式のタイトルは『妙法蓮華経《みょうほうれんげきょう》』）は仏教思想のデパートともいうべき経典で、さまざまな思想が集大成されているのですが、宇宙の全体を包み込むような「法身《ほっしん》の釈迦」と呼ばれる久遠仏《くおんぶつ》が存在しているというのが基本思想です。

わたしたちの世界（娑婆《しゃば》世界）に釈迦という名をもって現れた仏陀は、実は宇宙そのものの化身なのだという、壮大なスケールの世界観がここでは提示されます。そういう世界観のもとに、『法華経』という経典を一人でも多くの人々に伝えようというのが、この経典の教えですが、日本では経典のタイトルを唱える（唱題）だけでも功徳《くどく》があるということとなっていて、やがてその教えは日蓮《にちれん》（一二二二～一二八二）によって一つの宗派となりました。

しかし『法華経』は日蓮宗だけの聖典ではありません。阿弥陀仏《あみだぶつ》も登場しますし、密教の陀羅尼《だらに》（呪文）も書かれています。観世音《かんぜおん》（観音《かんのん》）菩薩というスーパースターの霊験についても語られます。比叡山《ひえいざん》を開いた最澄《さいちょう》（七六七～八二二）は『法華経』の新しい解釈を学びに唐の天台山《てんだいさん》に赴いたのですし、同時に渡航して唐に残り、のちに密教を伝えることになった空海《くうかい》（七七四～八三五）も、東大寺で『法華経』について講義をしています。

## お経に登場する多くの仏陀たち

大乗仏教の世界観を知るには、『法華経』は最適の経典です。数多くの仏陀の名が挙げられていることも特徴ですが、また変幻自在にさまざまな姿で現れる観音菩薩や妙音《みょうおん》菩薩、さらには自らの体を燃やして世界を照らし続ける薬王《やくおう》菩薩、人々に批判され石をぶつけられながらも誰もが仏陀になれると説き続ける常不軽《じょうふきょう》菩薩など、さまざまな菩薩が登場します。

仏陀や菩薩がたくさんおられるというのが、大乗仏教の基本なのですが、すべての仏陀や菩薩は、宇宙そのものである久遠仏の一部であり、具体的な仏陀や菩薩の姿をして顕現する存在は、久遠仏の化身だと見ることもできます。

久遠仏は、『法華経』では「法身の釈迦」と呼ばれていましたが、『華厳経《けごんきょう》』では「毘《び》盧遮那《るしやな》如来」と呼ばれています。この経典では宇宙そのものであるような仏陀についての哲学的な認識が書かれています。ただ宇宙そのものであるような存在は、姿が見えないというところがポイントになっています。見えないはずのお姿を、見せてしまおうというのが、奈良の東大寺のご本尊の大仏です。あの仏陀は、見えないはずのものが見えてしまうという壮大な試みの産物なのです。

毘盧遮那という名称はサンスクリットを音写したもので、意味は「日光」です。密教で尊ばれる『大日経《だいにちきょう》』には、「日光」に「大きな」という意味の「摩訶《まか》」をつけた仏陀が登場しますが、こちらは意訳して「大日如来」と呼ばれます。姿も形も見えない毘盧遮那如来よりもさらに大きな如来とは、どのような存在なのか、気になるところですが、密教で尊ばれる大日如来は、大仏という感じではなく、ごくふつうのお姿で描かれることが多いのです。

密教では「胎蔵界曼荼羅《たいぞうかいまんだら》」と呼ばれる図像が重んじられます。胎蔵界というのは、大日如来の胎内ということで、中には仏陀、菩薩、明王《みょうおう》など、諸仏諸尊がひしめくように存在しています。そのありさまを絵に表したものが胎蔵界曼荼羅です。興味深いのは、大日如来の胎内を描いているにもかかわらず、図像の中心にも小さな大日如来が描かれていることです。本来は見えないはずの宇宙そのものが、曼荼羅では具体的なイメージとしてとらえられているのです。

## 悟りに到るさまざまな方法

密教では悟りに到達する方法として、真言《しんごん》（短い呪文）あるいは陀羅尼（真言よりも長い呪文）が重んじられます。ひたすら呪文を唱えることで無心になる。それが悟りに到る道筋だというのが、密教の基本です。

大乗仏教では、悟りに到る方法として、六つの修行をすることを推奨しています。六波羅蜜《ろくはらみつ》（波羅蜜多／悟りに向かう方法）といいます。その六つの修行とは、布施、持戒、忍辱《にんにく》、精進、禅定、般若ということになっています。

布施は所有欲を断つこと。持戒は戒律を守ること。忍辱は迫害に耐えること。精進は怠らず努力すること。禅定は瞑想に耽ること。般若は言葉にならない知恵によって無心になること。

最後の般若が意味する「言葉にならない知恵」については、密教では、曼荼羅などの図像の助けを借りながら呪文を唱えることを具体的な修行としているのですが、無心になるということでは、座禅というものを重んじる宗派もあります。禅宗では座禅を組んで瞑想していれば、その先に無心の境地があるとされています。

ただ同じ禅宗でも曹洞宗《そうとうしゅう》ではひたすら座禅を組むのに対し、臨済宗《りんざいしゅう》では公案《こうあん》という謎かけ問答のような問題を念頭において、答えのない問いについて考えることによって無心の境地に到ることになります。

このように、仏教は悟りの境地に向かう努力をするという点では共通しているのですが、その方法に関しては、さまざまあるということで、同じように寺院を構え、お経を唱えているように見えても、かなりの相違があるといってもいいのです。

日本で最も信者が多いといわれている浄土真宗、浄土宗など、浄土系の宗派が尊重するのは『無量寿経《むりょうじゅきょう》』『観無量寿経《かんむりょうじゅきょう》』『阿弥陀経』の「浄土三部経」と呼ばれる経典ですが、経典の主役は、阿弥陀如来です。

阿弥陀如来は『法華経』にも登場しますし、胎蔵界曼荼羅の中にも描かれてはいるのですが、そうした場所では数ある仏陀や菩薩の中の一尊にすぎません。しかし「浄土三部経」では、阿弥陀如来は特別の存在として語られています。どこが特別かというと、阿弥陀さまはまだ修行中の菩薩（法蔵菩薩と呼ばれていました）であられたころに、すべての人々を救うという発願《ほつがん》をされ、仏陀になられたというのです。

仏陀はそれぞれの仏国土をもっていますが、阿弥陀如来の仏国土は西方《さいほう》極楽浄土と呼ばれ、その世界があまりにも美しいので、そこに生まれた人は修行などしなくとも悟りの境地に到達するということになっています。

つまり阿弥陀如来を信じて、仏国土に生まれ変わることができれば、もはや悟りに到る修行などは不要なのです。ではどうやったら西方極楽浄土に生まれ変わることができるのか。ただ無心に阿弥陀如来の名を唱えるだけでいいのです。

日蓮宗など法華経を重んじる宗派では「南無《なむ》妙法蓮華経」と唱題します。密教は真言や陀羅尼を唱えます。そして浄土系の宗派では「南無阿弥陀仏」と仏の名を唱えます。これに禅宗の座禅を加えてもいいでしょう。無心になる、という点では、どの宗派も基本は同じなのですが、方法論は異なっているのです。

ですから「仏教」と一口に言っても、いろいろな宗派があるのだということは、認識しておく必要があります。

## 釈迦の最初の教えとは

それにしても何と多様な仏教があることでしょうか。仏教はインドに発生して、いったんインドの西にあるガンダーラ（現在のパキスタン西部からアフガニスタン東部）を経て、西域《せいいき》と呼ばれるシルクロードに沿った諸国を通って中国に伝えられ、さらには朝鮮半島から日本にまで到達しました。

東の果てともいえる島国で、仏教は深められるとともに多様化して、独特の仏教文化を作り上げたのです。すでにインドにおいて多様な大乗仏典が編纂されたということが発端ではあるのですが、その解釈や、普及や、宗派の組織化などの面では、日本において最高レベルにまで高められ、深められたといっても過言ではないのです。

現在のインドでは仏教はほとんど信仰されていません。シルクロードにも仏教遺跡があるばかりです。仏典の漢訳という大事業を成し遂げた中国でも、古来の道教や陰陽道と競い続けなければならず、とくに近代になると社会主義革命が起こったために、宗教そのものが排斥されることになりました。

仏教が最も栄えた国が、日本だといっていいのです。

しかし、日本に伝えられているのは大乗仏教です。それは釈迦の直接の教えではありません。とはいえ大乗仏典そのものが、釈迦が提出した仏教の基本概念を、いささかも損なわずにさらに発展させた芸術作品だと、わたしは考えています。

ただわたしがこの本で語ろうとしているのは、大乗仏典ではなく、初期の釈迦の教えです。それは大乗仏典と大きく異なるものではありませんが、むしろシンプルで素朴な教えだというべきでしょう。

初期仏教は、宗教改革を経た大乗仏教の側からは、一部の高僧だけの閉鎖的なものだと批判され、小乗仏教などと呼ばれることもあるのですが、釈迦の言葉は『阿含経《あごんきょう》』というタイトルで漢訳され、経典を集大成した大蔵経の中にも収められています。また釈迦の生涯は仏伝として大切にされています。

わたしが皆さんにお伝えしたいのは、悟りの境地に到達した釈迦が、最初に語った教えです。

鹿野園における最初の説法で釈迦が語ったのは、四諦という教えです。

初めに述べたように、ここで「諦」と漢訳されている「サティア」という言葉は、真理というくらいの意味ですので、四諦とは「四つの真理」という意味です。

仏教にはサティアのほかにダルマという言葉があります。「真理」という意味ですが、漢訳では「法」と意訳されるダルマ（達磨）の方は、「宇宙の原理」といってもいい根本的な真理であるのに対し、サティアの方は、導師が言葉によって示した教えというくらいの意味です。

四つの真理とは、次のようなものです。

苦諦《くたい》……一切は苦であるという真理
集諦《じったい》……苦の起こりについての真理
滅諦《めったい》……苦の原因を断つための真理
道諦《どうたい》……苦の原因を断つ八つの方法

まず苦諦について説明が必要ですね。

わたしたちの常識的な感覚では、世の中には苦もあれば楽もあります。苦ばかりというわけではないことは誰もが知っています。

しかし釈迦は、一切は苦であると唱えます。

これは伝説ですが、釈迦の出発点に、「四門出遊」というエピソードがあったことを思い起こしてください（二七ページ参照）。故郷の城壁都市の城門で、老人、病人、死人を目撃するという話ですね。

いまは元気で幸福を享受している若者たちも、いずれは老人になり、病人になり、死人になるわけですから、人生の行きつく先には苦が待ち受けています。

幸福は長くは続かないのです。

そのことをしっかりとわきまえて、心の準備をしておく。これが苦諦です。釈迦の教えのほとんどすべてはこの苦諦に集約されています。のちに「諸行無常《しょぎょうむじょう》」という言い方が仏教のキーワードになるのですが、美や快楽というものは、一瞬にして移ろい行くものです。そんなものに惑わされるなというのが、釈迦の提案なのです。

移ろい行くものの一切を、釈迦は「空《くう》」というキーワードを用いて説明しています。「空」は無ではないのです。有と無の中間くらいのところに「空」があると、そんなふうに考えてください。

次の集諦は、苦の起こりについての考察です。あらゆるものが移ろい行くという真理を知らずに、美や快楽に溺《おぼ》れることが、やがて苦をもたらすことになるのですから、過剰な欲望に迷わされることがないようにというのが、集諦という教えです。

滅諦はその欲望を断ってしまえば苦しみから逃れられるということで、次の道諦につながります。

道諦は欲望を断つための具体的な方法をわきまえなさいということで、次に展開される八正道《はっしょうどう》につながります。

## 正しさの指針となる「中道」という概念

八正道とは、正見《しょうけん》（正しい見解）、正思惟《しょうしゆい》（正しい考察）、正語《しょうご》（正しい発言）、正業《しょうごう》（正しい行為）、正命《しょうみょう》（正しい生活）、正精進《しょうしょうじん》（正しい努力）、正念《しょうねん》（正しい思念）、正定《しょうじょう》（正しい瞑想）の八つの実践です。八つの概念はすべて漢語に意訳されていますから、漢字をじっと見つめていれば意味はわかると思います。

高い境地を目指して高僧が厳しい修行をする、といったレベルの修行ではなく、初心者の日常の心得を箇条書きにしたものです。

「正しい」という語がキーワードになっていますが、何をもって「正しい」とするかというと、そこには「中道」という考え方があります。

釈迦は断食の末に悟りの境地に到達したのではなく、その前にスジャータの献げ物を食しました。断食の苦しみもなく、飢餓感もなく、腹八分目で、安らかな悟りの境地に到達したということです。つまり、無理に苦しい修行をする必要はないと初心者に説いたのでしょう。

初心者にとっては、門戸が大きく開かれることになります。極端な禁欲を強いられることもなく、ほどほどの生活をしていればいいということですから、信者も無理をする必要がありません。こういう大らかな姿勢が民衆の心をとらえたのです。

すでにご紹介した六師外道の一人、サンジャヤの高弟だった舎利弗《しゃりほつ》と目犍連《もくけんれん》が二百五十人の弟子を引き連れて仏教教団に入ったり、拝火教《はいかきょう》の行者だった迦葉《かしょう》三兄弟が弟子とともに入信するなど、弟子が急速に増えて、教団は発展していきます。

とくに東の大国マガダのビンビサーラ王の支援を受けたことで、仏教教団はマガダ国の首都ラージャグリハ（王舎城《おうしゃじょう》）郊外に竹林精舎という拠点を得ることになりました。大乗仏教で釈迦が教えを説く舞台としてしばしば記述される霊鷲山《りょうじゅせん》も近くにあります。

## 国の秩序を保つために使われた仏教

ここで問題となるのは、大国の王がなぜ釈迦の教団を支援したかということです。

インドの四つのカーストの中で、王侯貴族は二番目のクシャトリアに位置づけられています。大国の王といえども、最上位のバラモンの下位に置かれているのですね。日本で言えば、皇族や貴族の下に置かれた将軍や大名といった感じでしょうか。この時代はバラモン教がインドの全体を支配していましたから、王侯貴族といえどもバラモンたちには頭が上がらなかったのです。

すでに指摘したことですが、バラモン教がもたらした輪廻という世界観は、政治的な意味をもっています。

アーリア民族のバラモンと、クシャトリアと呼ばれる王侯貴族が、権力を掌握して、広大なガンジスの流域を支配しているという現実は、スードラと呼ばれる奴隷階級の人々にとっては耐えがたい現実です。奴隷とされているのは多くの場合、アーリア民族に対して敵対した先住民たちだからです。

三番目の階級のヴァイシャには、豊かな商人も含まれていますが、大部分は貧しい一般市民や農民たちです。ヴァイシャの中には兵士などのアーリア民族も含まれていますし、アーリア民族の兵士と先住民の間に生まれた混血の人々も含まれます。また反抗せずにアーリア民族の支配を受け容れた先住民や、ある程度の自治を許された少数民族などもいます。

ヴァイシャは純粋のアーリア人ではありませんから、バラモン教を心の底から信じているわけではありません。ただ輪廻の恐怖を植えつけられて、反抗する気勢をそがれてしまっているというだけのことで、もっと根の深い不満があれば、地獄に堕ちることも恐れずに反抗しないとも限りません。

王侯貴族には、国の平和が維持できているのは、自分たちが武力で地域を支配しているからだという自負があります。それなのに、バラモン階級が自分たちの上位に置かれていることに不満があります。

ビンビサーラ王は釈迦が出現する以前から、バラモン教に依らない新しい教えを説こうとする修行者を支援していました。そのためマガダ国の首都、ラージャグリハには、大勢の修行者が集まり、議論を交わしていたと伝えられます。

釈迦も弟子たちを引き連れて首都に乗り込み、多くの信者を集めました。活動を見ていたビンビサーラ王は釈迦を城に招き、教えを聴くことになります。そして釈迦の教団はビンビサーラ王の支持を受けて大発展を遂げることになるのです。

何がビンビサーラ王の心をとらえたのでしょうか。

ビンビサーラ王は教養のある人物でしたから、釈迦の説く認識論や哲学的なものを、十分に理解したことでしょう。しかし、四諦と八正道に代表されるような仏教の実践原理が、まさに国の秩序を維持するために最適と感じられたからこそ、国王は全面的に仏教を支援するということになったのだと思われます。

## 素朴な実在論を否定する「十二縁起《じゅうにえんぎ》」

釈迦の教えには、哲学的な部分と、道徳的な部分があります。

哲学的な部分は教団の弟子たち、とくに自分の側近となっている高僧たちに伝えられたものですが、王侯貴族や商人たちも教養はもっていますから、わかりやすい哲学というものがあれば歓迎されます。

釈迦の認識論は、サンジャヤの不可知論をさらに発展させて、あらゆるものが幻想なのかもしれないという、素朴な実在論を否定する領域に踏み込んでいきました。

それをわかりやすくまとめたのが、「十二縁起」と呼ばれる論理です。「縁起」とは「因《いん》縁生起《ねんしょうき》」の略で、原因から結果が生じ、生じた結果が原因となって新たな結果が生じるという、現象の因果関係による連鎖を述べたもので、その原因と結果のつながりが十二項目あるということですね。

十二の因縁の連鎖とは次のようなものです。

無明《むみょう》……苦が生じる根本原因を知らないこと。
行《ぎょう》……無明から生じるはっきりとは弁別できない動き。
識《しき》……かすかに意識された最初の差違。
名色《みょうしき》……生じた差違を名称を用いてはっきりと意識する。
六処《ろくしょ》……意識されたものを六つの感覚器官（眼耳鼻舌身意《げんにびぜつしんい》）で認識する。
触《そく》……六つの感覚器官による具体的な接触。
受《じゅ》……感覚器官によってとらえられた外界の事物の認識。
愛《あい》（渇愛《かつあい》）……認識したものに欲望をもつ。
取《しゅ》……欲望によってこだわりが生じる。

有《う》……強いこだわりによって主体としての存在が意識される。
生《しょう》……自分というものが意識され生きているという実感をもつ。
老死《ろうし》……生きるという実感をもつと老死という不安や苦がやってくる。

「無明」があるから「行」が生じ、「行」があるから「識」が生じるというふうに、原因から結果へ、次々と連鎖が進んでいくことになるのですね。逆にたどって、「老死」の原因は「生」にあり、「生」の原因は「有」にある、というふうに、原因を次々にさかのぼっていくと、「無明」にたどりつくことになります。

この論理はいささか難解で、理屈っぽいことは確かで、そもそも「無明」とは何かということもわからないし、「行」とか「識」といったものがどういうものなのか、イメージとしてすぐに把握できるというものではないのですが、ポイントはこういうことです。

自分というものは存在していない。

## 釈迦の思想の根幹となる「空」とは何か

釈迦が言いたいのはそれです。とはいえ、自分というものが存在していないと言われても、すぐに理解できるものではありません。だって、自分というものは、確かに存在しているじゃないか……。

でも、こんなふうに考えてみてください。

あなたはなぜ、自分は存在していると感じているのでしょうか。

それは感覚というものがあるからでしょう。まず目から得られる情報、耳から得られる情報、手足から得られる感覚、それに食事の時の味や匂い、さらに記憶というものがあって、これまでの自分の生きてきたさまざまな体験が記憶の中にファイルされているはずです。

あなたが、ここに自分が存在していると感じているのは、感覚や記憶から得られる情報があるからです。

その情報を、一度、疑ってみてください。

いまあなたの目の前に、テレビの画像があるとしましょう。実際にテレビがあれば点《つ》けてみてください。何かが映っていますね。ラーメンとか、アイスクリームとか、おいしそうなものが映っていれば、食欲を刺激されます。美女が映っていれば、恋心をくすぐられたり、もっと強い欲望が湧いてくることもあります。

でもそれは、ただの映像です。テレビの画面に手を伸ばしても、映っているものを食べられるわけではありません。食べ物も、美女も、ただテレビ画面の表面上にうかんでいるただの画像にすぎないのです。

テレビというのは光る点の集積にすぎません。何かの画像が見えているという気がするのは、脳内のパターン認識と呼ばれる作用によって、物の形を認識し、記憶の中にある名称をもった事物と照合して、これはラーメンであるとか、これはアイスクリームであるとか、判断をしているのです。

実際にはさまざまな色で点滅する小さな光の粒があるだけで、わたしたちが目で見て認識している事物は、存在しないのです。

もちろんこれはテレビの話です。テレビの画面というのはただの幻影で、画面の向こうにラーメンやアイスクリームが実在しているとは、誰も思っていません。テレビの画面と、実際に肉眼で見たものとは違う。誰もがそう思っていることですが、肉眼で見たものというのは、確かな実在なのでしょうか。

たとえばあなたが目で何かを見ている場合、凸レンズになっている目の水晶体が目の奥の網膜に画像を映します。画像はデジタル信号になって神経を伝わり、大脳の表面で解析され、認識されます。つまり原理的には、あなたがテレビを見ている場合と、まったく同じだといっていいのです。

釈迦の考えによれば、わたしたちが肉眼で見ているものも、テレビの画像のような幻影にすぎないのです。もちろん釈迦がテレビについて言及したというわけではありません。釈迦がしばしばたとえ話として語ったのは、影絵芝居です。

いまでもインドや東南アジアには、影絵芝居の伝統が伝わっています。日本にも切り絵という技術がありますが、ああいうもので人物や動物、魔神などをかたどって、光をあてて壁に映し出し、ストーリーのある芝居をやります。光のあてかたによっては、影を何倍にも拡大できますので、巨大な魔神が突如として出現したりします。

スリリングな物語に熱中していると、思わず架空の話の中にのめり込んでしまいます。英雄と魔神の闘いにわれを忘れ、はらはらどきどきして、芝居が終わり、ほっと息をつくと、いままで見てきたものが、ただの影絵だったと気づきます。

それと同じように、わたしたちの人生も、いくぶん長い影絵芝居の物語なのかもしれません。はらはらどきどきするのは楽しいけれど、恐怖や不安がつのるようなら、すべて幻影だと思ってしまえばいいのです。

釈迦は十二縁起の最初に「無明」を置きます。すべてが幻影であるという真理、別の言葉でいえば「空」ということなのですが、この真理を知らずに、迷いの闇《やみ》の中に置かれている。これが「無明」という状態です。

そこから外界の認識ということが始まり、ものの形や名前にとらわれてしまうと、対象に対して欲望を感じ、執着をもってしまう。すると、幻影であるはずの世界の存在を疑うことができなくなり、苦悩を負って生きなければならない。時にはこの世の地獄のような苦しみに身悶《みもだ》えることにもなってしまうのです。

## 欲望との正しいつきあい方

十二縁起というのは、釈迦によって教団の僧侶に説かれた真理というべきでしょう。十二縁起の出発点となる無明の闇を晴らすためには、座禅を組んだり、言葉にならない知恵である般若を求めたり、時には厳しい修行を自らに課することになります。

もちろん王侯貴族や商人たちの中にも、僧侶たちが学ぶ教義を理解して、釈迦の哲学を十分に把握した人は少なくないでしょう。とくにマガダ国王のビンビサーラや、のちに祇園精舎を仏教教団に寄進することになる、コーサラ国の大商人スダッタ長者などは、釈迦の高弟たちに劣らぬほどに、教団の真理に精通していたものと思われます。

王侯貴族や商人などの在家の信者には、自分たちの生活があります。教団の僧侶のような厳しい修行を持続するわけにはいきません。

一方、教団の僧侶たちは、ひたすら修行に励むことになります。彼らは自ら生産にたずさわるわけではありません。欲望を抑え質素に暮らすことは大切ですが、何か食べなければ生きていくことができないというのも事実です。

教団には支援者が必要なのです。

王侯貴族、商人、そして一般庶民の支援を受けたからこそ、仏教教団は発展し、マガダ国とコーサラ国という、二大大国と、周辺の小国の人々からの支援を受けることになりました。

一般庶民にとって、教えの基本となるのは、釈迦が最初に説いた「四諦」です。四諦の最後に提示される道諦では、八正道に従って生きていれば、苦から逃れることができると説かれていました。

正しい道、正しい生き方とは、すなわち「中道」です。

釈迦自身が断食の最中に、スジャータが献げた食事を摂ることによって悟りに到達しました。食欲に負けてはならないけれども、極端な禁欲もまた中道から外れてしまうことになるのです。

ほどほどの禁欲というところがポイントです。

人間は欲望に負けてしまいがちですから、仏教ではとりあえず禁欲が説かれます。欲望に負けて心が乱されれば、それは苦しみにつながります。お金が欲しいと思っても、無限にお金が得られるわけではありません。すると欲求不満になります。おいしいものを食べたいと思ってしまうと、何を食べても、もっとおいしいものがあるだろうと思って、たえず不満を覚えることになります。

欲望には、きりがありません。何かを求め始めると、もう満足ということがなくなり、どんどん欲望がふくらんでいきます。

とはいえ、禁欲すればいいというものではありません。禁欲しなければならないというプレッシャーが苦しみになりますし、禁欲しすぎると、禁欲そのものが快感になってきて、もっと禁欲しなければという欲望が生じます。禁欲にこだわるというのも、一種の執着であり、欲望に負けるのと同じことなのですね。

極端な禁欲は、欲望に負けることと同じだ、というのが釈迦の基本的なスタンスです。

## 無理をせず、ふつうに生きる

無理をしない。ごくふつうに生きていていい。むしろごくふつうに生きるのが何よりなのですよ……。そんなふうに言ってもらうと元気が出てきます。

前章で紹介した六師外道の中には、輪廻を否定し、どんな悪事を働いても業などといったものはないので、何をしても地獄に堕ちることはないと主張する者もいました（三五ページ参照）。これでは世の中の秩序が乱れてしまいます。

釈迦は輪廻という世界観を認めていました。業というものもある程度、認めていました。その上で、仏教教団が定めたゆるやかな戒律を守っていれば、地獄に堕ちることはないという安心感を人々に与えました。

釈迦は教団の僧侶たちにはいくぶん厳しい戒律を課し、たとえば水の中には小さな虫がいるので、必ず濾《こ》して飲むようにと指導しました。知らないうちに小さな虫を呑《の》み込んで、殺生することになってはいけないからです。

在家の信者にも、肉食はしないようにと勧めましたが、あまりにも厳しすぎる戒律を課すと、日常生活ができなくなりますから、努力するだけでいいと説きました。

王侯貴族や兵士たちは、盗賊から民衆の資産を守るために、時として闘わなければならなくなることがあります。兵士に人を殺すなというわけにはいきません。商人も資産を守るために、護衛を雇うことがあります。その護衛が盗賊を殺してしまうこともあるでしょう。商人が商売をして資産を得るということは、そのぶんだけ誰かが損をしていると考えることもできます。これも悪業といえるのかもしれません。

一般庶民も蠅《はえ》や蚊は退治するでしょうし、田畑を耕作すれば知らないうちに地中の虫などを殺してしまうこともあります。鳥獣から農作物を守るために、やむなく殺生をするということもあるでしょう。

人間は業を負って生きています。

だからこそ輪廻というものを恐れ、畜生に生まれ変わったり、地獄に堕ちることを恐れるのです。

釈迦の説く四諦と八正道の「中道」という教えは、それほど無理をしなくても、何となく安心できるという点で、多くの支持者を得たのです。

## 釈迦の教えにひそむ反骨精神

中道というと、保守的な思想のようにも見えるのですが、釈迦の思想の中には、過激ともいえる新しさがあります。

まずはカーストと呼ばれる身分制度を否定しました。

バラモン階級の下位に置かれた王侯貴族や商人らに、誇りと希望をもたらしました。

男女の差別も撤廃しました。

さらに少数民族への差別もなくし、とくにガンジス河の交易にたずさわる少数民族の商人たちの支持を受けることになりました。

ここが仏教の特色だといっていいでしょう。支配する側のマガダ国王に信頼され、のちには西の大国、コーサラ国の支持も得ました。

一方、支配され、税金などを払う側の小国の商人たちからも支持を受けることになります。

支配する側とされる側の双方からの支持を得る。いったいなぜ、そのようなことが可能だったのでしょうか。

根底にあったのは、反骨精神のようなものではないかとわたしは考えます。

釈迦は小国の王子として生まれました。しかしその小国は、コーサラ国という大国の支配下にあり、かろうじて自治は許されているものの、いつでも自治権を剥奪《はくだつ》されて、完全な支配下に置かれかねない、危うい状態にあったのです。

釈迦は聡明な若者でしたから、皇太子の地位にあっても、この国に未来はないと予感していたはずです。だからこそ、深い絶望感にとらえられ、沙門として遍歴の旅に出ることになったのでしょう。

若き日の予感のとおり、釈迦の父のシュッドーダナ王が亡くなると、コーサラ国はカピラヴァストゥを直属の支配地としたため、王族であった釈迦の一族は路頭に迷うことになります。

自分が生まれ育った国が滅ぼされ、一族の人々が苦難に遭遇するさまを目撃した釈迦は、すでに悟りに到達した教祖であったとはいうものの、心中には苦悩があったのではないかと推察されます。

その苦悩を内に秘めながら、釈迦は教団を拡大していきました。そこには自らの痛みを土台とした、強い決意のようなものがあったはずです。

## 民族を超えた友愛の精神

釈迦の決意とは、生国が滅ぼされ、一族が路頭に迷った体験から生み出されたものです。ふつうに考えれば、恨みや憎しみが生じてもおかしくはありません。しかし釈迦はそこから、逆転の発想で、新たな領域に踏み込んでいきます。

それは、誰もが仏性《ぶっしょう》をもっているという思想です。

仏性とは、人がもっている仏陀になれる資質のことです。釈迦は自分だけでなく、すべての人々に仏性があるのだと説きました。だからこそ誰もが努力を続けていれば、いずれの日にか仏陀になれるのです。

それはこの世のことではないかもしれません。仏教は輪廻という世界観は踏襲していましたから、仏陀になれなかった人間は輪廻することになります。しかし何度も何度も輪廻転生するうちに、いつの日か必ず仏陀になれるのです。

釈迦は弟子たちに希望を与えるために、しばしば自らの前世を語りました。釈迦はいまでこそ仏陀となり、もはや輪廻の連鎖からは解脱しているのですが、ここに到るまでには、長く輪廻転生を続けてきたのです。そこには数多くの苦難がありました。いまがどんなに苦しくても、いずれは誰もが仏陀になれるのだということを示すために、釈迦は自らの体験を語ったのです。

前世の釈迦についての物語は、『本生経《ほんじようきよう》』（ジャータカ）という経典にまとめられています。その中の二つの場面が、法隆寺にある玉虫厨子《たまむしのずし》の須弥座《しゆみざ》の側面に描かれていますので、ご存じの方も多いでしょう。「捨身飼虎図《しやしんしこず》」と「施身聞偈図《せしんもんげず》」ですね。

前世の釈迦が、子をかかえ飢えて動けなくなった母虎を救うために自ら崖《がけ》の上から身を投げて虎の餌《えさ》となる。これが「捨身飼虎図」です。悪鬼が唱えた四句の偈《げ》（古代インドの詩型）の前半を聞いて感動し、世の人に伝えるために悪鬼の餌となって後半を聞くというのが「施身聞偈図」です。

いずれも命を捨てることもいとわない利他的な精神を描いたものです。これはのちにお話しすることになるイエスの「隣人愛」にも通じるところがありますし、核心となっているのは、「慈愛」とでもいうべきものです。

十二縁起の中に「渇愛」というものがありました。サンスクリットでは「トリシュナー」（パーリ語ではタンハー）と呼ばれるもので、喉《のど》の渇いた者が激しく水を求めるような、自分の欲望を満たすための利己的な愛を意味しています。

これに対してサンスクリットで「マイトリー」と呼ばれる慈愛（単に「慈」と呼ばれることもあります）は、欲望にとらわれない、他者に対する友愛のごときもので、これは「悲《ひ》」（カルナ）とともに、大乗仏教のキーワードになっています。

すべての衆生《しゅじょう》を救いたいという仏陀や菩薩の思いが「慈」であり、無明の闇をさまよう衆生の苦悩をわがことのように感じる思いやりの心が「悲」で、あわせて「慈悲」といいます。

仏陀が修行をして悟りの境地に到達するのも、自分が救われたいという思いからではなく、すべての人々を救うためにまず自分が仏陀になることを目指すのです。また仏陀になるために修行をする人々を菩薩といいますが、文殊《もんじゅ》菩薩や観音菩薩などの名高い菩薩は、すでに仏陀になれるだけの修行を積んでいても、あえて衆生の救済のために仏陀にならずにこの世にとどまり続けている尊いお方なのです。

多くの菩薩たちの中でも特筆すべきなのは、まさに「慈愛」という言葉を名前にしたマイトレーヤ菩薩です。その意味をとって「慈氏」と訳されることもありますが、音写して弥勒《みろく》菩薩と呼ばれます。

弥勒は数ある菩薩の中でも特別の存在です。弥勒はわたしたちの世界（娑婆世界）の、釈迦の次に現れる仏陀になる菩薩だと、釈迦自身によって預言された存在なのです。釈迦の跡継ぎの菩薩の名がマイトレーヤだというのは、釈迦にとってこの「慈」という言葉が何よりも大切なものだったからでしょう。

慈、すなわち友愛。

民族を超えた友愛。これこそが、釈迦が何よりも伝えたかった言葉、釈迦の教えの原点だとわたしは思います。

## 「中道」は平和と繁栄を生む

釈迦はコーサラ国に生まれ故郷を滅ぼされました。育ての母を初め親族一同が路頭に迷うことになりました。この時の釈迦の姿勢は、大国の支配を受けている小国の人々に大きな感動を与えたことでしょう。釈迦はコーサラ国を恨むことなく、むしろコーサラ国に教えを広めたのです。

釈迦はコーサラ国の信頼を得て、コーサラ国の皇太子（祇陀太子《ぎだたいし》）から苑地《えんち》をもらい受け、スダッタ長者の寄進で祇園精舎を開きました。周辺の小国の人々が仏教に帰依し、友愛の精神で大国の支配を受け容れたために、コーサラ国の周囲に平和が実現しました。釈迦は小国出身の英雄で、同時に大国の王にとっても、小国と友好関係を結ぶために必要な重要人物だったのです。

同じように東の大国マガダにおいても、周辺の小国が仏教に帰依することによって平和が実現することになりました。とくにマガダ国の周囲のガンジス河沿岸には、少数民族の商人たちが都市国家を築いて、海運による商業を発展させていましたから、小国の商人たちが仏教に帰依するというのは、政治的にも大きな意味がありました。

仏教は中道を説きます。布施という教えで所有欲をなくせとは説きますが、何もかも捨ててしまうのではなく、ほどほどの生活をして仕事を続けなさいと説くのです。商人たちは商業に励みますが、ひたすら利益を求めるのではなく、民衆にもサービスしながら、大国にも税金を払います。民衆、商人、大国のすべてが共存共栄できるシステムを、仏教教団が築いたのです。

中道とはそういうことです。民衆の支持を受けて商業は発展しますし、ちゃんと税金を払うので、大国と敵対することもありません。

ビンビサーラ王は聡明な人物で、布施の精神をもっていました。釈迦の教えを理解し、心から仏教に帰依したはずですが、マガダ国王としての治世の面でも、仏教が小国の商人たちに支持されたことで、世の中が安定して、政治もやりやすかったことでしょう。税金も安めに設定したはずです。税金を取られる側も、取る側も、所有欲を抑制していれば、争いが起こることも少なかったのではないかと思います。

長く平和が続けば、商業は発展しますし、軍事予算が削減できますから、ビンビサーラ王にとっても大きな利益が得られました。その一部は仏教教団に寄進され、王侯貴族、商人、教団のすべてが発展するという好循環が生まれました。これこそが仏教教団が歴史に残るほどに発展した大きな要因なのです。

釈迦の生涯を「諦」という概念から語り始めたのですが、四諦の最後に置かれた道諦の具体的な展開である八正道の「中道」という考え方が、最後に「慈」という概念に行きつくということが、おわかりいただけたと思います。

## 命をかけた釈迦の最後の旅

支配する側と支配される側、大国と小国、民族の違いや、階級の違い、そういったものをすべて乗り越える教えが、仏教の心髄です。

結果としては、広範囲の地域の人々がすべて仏教に帰依したため、争いが起こらなくなりました。最初に釈迦の支持者となったビンビサーラ王のマガダだけでなく、西の大国コーサラも仏教に帰依しました。そのため大国間の抗争もなくなりました。

仏教は平和の教えとしてインドに定着し、多くの人々に信仰されました。

釈迦は八十歳まで布教活動を続けました。

晩年には最大の支援者であったビンビサーラ王が亡くなり、皇太子アジャータシャトルが跡を継ぐことになったのですが、伝説では皇太子が父である王を幽閉して、死に追いやったと伝えられています。夫と息子の対立と夫の死に際して、王妃の韋提希夫人《いだいけぶにん》は絶望のどん底に追い込まれることになりました。『観無量寿経』では、釈迦が阿弥陀如来の極楽浄土の話を語ったのは、韋提希夫人を励ますためだったということになっています。

ビンビサーラ王の死は、釈迦にとっても困難な事態をもたらしました。新たに王になったアジャータシャトルに、釈迦の従弟にあたる提婆達多《だいばだつた》が取り入って、仏教教団の分裂を画策したのです。この陰謀には教団の僧侶たちが団結して、教団を守り抜きました。提婆達多は追放され、アジャータシャトルも反省して仏教に帰依したと伝えられます。

アジャータシャトルは仏教に帰依したとはいえ、父ビンビサーラ王のような聡明さには欠けていました。高慢なところがあり好戦的でした。周辺の小国に対しても高圧的な政策を推し進めたため、反乱の機運が広がりつつありました。

八十歳になっていた釈迦は決意を固めて旅に出ます。周辺の小国をめぐり、争いの無益さを説いて、マガダへの帰順を促すための旅です。

高齢の釈迦にとっては、命をかけた最後の旅でした。

釈迦はガンジス河の沿岸を旅して回ります。小国の人々に、最後の教えを説き続けます。のちに大乗仏教の中心地となる商人の街ヴァイシャーリーにも長く滞在し、ここで雨期をやりすごしたあと、さらに生まれ故郷のカピラヴァストゥの方に向かおうとした途上で、食あたりのような症状でついに最期の時を迎えます。

釈迦が命をかけてまで、小国を回って、平和の大切さを説き続けたということを、記憶にとどめておいてください。

## 釈迦が伝えたかったただ一つのこと

釈迦についての章の最後に、「諦」という概念の実例を一つだけ紹介しておきます。それはキサーゴータミーという女についての物語です。

キサーゴータミーは貧しい生まれの女だったのですが、裕福な家の長男に見そめられて妻となります。しかし親族たちは女に対して冷たい態度で接します。女はつらい思いをしていたのですが、やがて身ごもり、男児を産みます。跡継ぎの男児の母となった女は、親族の人々からも認められるようになります。ところがその男児は赤子のうちに病で亡くなってしまいます。

取り乱した女はミイラとなった赤子を抱いたまま村をさまよい歩いていました。見かねた村人が、布教の旅で近くに居合わせた釈迦のところに女をつれていきます。赤子が死んだことにも気づかない女は、偉大な導師だと聞かされて、釈迦の前に歩み出ます。

釈迦は女にこのようなことを話して聞かせます。

「あなたの村の家々を回って、死人を一人も出したことのない家を探し、カラシの種を一粒もらいなさい。その種を赤子に与えれば元気になりますよ」

希望を与えられた女は村の家々を一軒ずつ回っていきます。しかしそこは古い村だったので、どの家でも先祖代々の人々が亡くなっています。死人を出したことのない家など一軒もありません。すべての家々を回り終えた時に、女の胸に、静かな諦念《ていねん》が宿ります。

死は避けることのできない人の定めなのだ。

そう思った女は、わが子の死を受け入れ、もはや村をさまよい歩くことはなくなりました。

誰も死人を生き返らせることはできないのですから、どんなに愛していた人だったとしても、死を受け容れるしかないのです。

これが「諦」です。

プロローグで述べましたが、諦とは真理であり、ものごとの本質を明らかにするということなのですが、明らかにするということは、諦めにもつながるのです。

惜しんで悲しんでも、けっして元に戻ることのないものについては、真理を見きわめ、諦める。諦という教えには、そのような決断も含まれているのではないでしょうか。

大切なのは、もしかしたらわが子が生き返るのではという希望をもって村の家々を回ったキサーゴータミーの足どりです。

一切は無常であるというのは仏教の基本的な真理ですが、その真理を言葉で聞いただけではすぐには理解できません。

希望を抱いて村の家々のすべてをめぐり歩く。その労苦の果てに、悟りというものがやってくるのです。諦というのは、ただ諦めるということではありません。前向きな努力を尽くした上で、これ以上は何をやっても、失われたものは戻らないと心の底から納得する。そのように、長い努力の末にやってくるのが、本物の諦念であり、釈迦が伝えたかった真理なのではないかとわたしは考えます。

さて、これで釈迦についてのお話は終わりました。次の章では、イエス・キリストについてお話しすることにしましょう。

# 第三章　イエス――神の子の誕生

## 『受胎告知』の謎

ここからはイエス・キリストの話です。

イエスは釈迦よりも五百年ほどのちの時代を生きた人です。いま「人」という言い方をしましたが、キリスト教を信じる人々にとっては、イエスは「神の子」ですので、ただの「人」ではありません。

釈迦の場合は、生まれた時はただの人です。

釈迦は前世においてさまざまな苦悩を体験して、仏陀になるための修行を積みますし、釈迦の母が白象が胎内に宿る夢を見たというような話もあるのですが、これは釈迦の生涯に強く関わるエピソードではありません。

釈迦は積極的に自分の前世を語りましたが、これは修行の厳しさを、自らの前世という物語にして語り聞かせたともいえます。いずれにしても、生まれた段階では、釈迦はただの人でした。

ただの人が、修行の末に仏陀となった。これが仏教の基本的な考え方です。

一方、イエスは生まれながらにして「神の子」なのです。

イタリアのフィレンツェのウフィツィ美術館は、観光客が必ず訪れる名所ですが、ギリシャ神話を題材としたボッチチェリの『春』や『ヴィーナスの誕生』などと並んで、美術館の展示の目玉となっているのが、レオナルド・ダ・ヴィンチの『受胎告知』です。

本を読んでいるマリアの前に天使が現れて、「あなたは神の子を宿した」と告げる場面を描いたものです。これはキリストの物語の中でも屈指の名場面で、赤子を抱いたマリアや、十字架上のキリストと並んで、多くの画家が描いている題材です。わたしは中でもレオナルドの絵画がとくに好きなのですが、それはマリアの表情に知性が感じられるからです。

イエスの事蹟を記録した『新約聖書』の四つの福音書の中で、聖母マリアについての記述は、それほど多くはありません。しかしギリシャ正教でも、ローマ・カトリックでも、マリアはイエスと同等の重要なキャラクターで、とくに民間信仰では、マリアそのものが信仰されているくらいです。若き日のマリアを描いたこの絵柄が好まれるのは当然のことでしょう。

しかしこの絵柄には、何とも言えない不思議な趣があります。キリスト教というものの最大の神秘があるといっても過言ではありません。

胎内に神の子を宿すとは、いったいどういうことでしょうか。

ここがキリスト教の独特のところですし、生まれたイエスという幼児は、神の子として生き、そして死ぬことになるのです。

神の子であるイエスが十字架にかけられて死んだということが、キリスト教の根本原理ともいえる「新しい契約」（新約）という概念に結びついていくのですが、このことを説明するためには、ユダヤ人の歴史を太古の昔から振り返る必要があります。

### ユダヤ民族の祖アブラハムの物語

釈迦の場合は、小国の王子として生まれましたが、山岳地帯の小さな部族といった程度の集団にすぎません。ユダヤ民族はもう少し大きな集団で、かつてはユダヤ王国という繁栄した国を築いていました。

ユダヤ民族の歴史は、『旧約聖書』という、『新約聖書』よりもはるかに厚い書物にまとめられています。すべてをここで語るわけにはいきませんので、イエスの思想の根幹に関わる要点だけをお話ししていきます。

まず指摘しておかなければならないのは、ギリシャ、インド、日本などの多神教と違って、ユダヤ教の神は唯一絶対の神だということです。神は人間に言葉を用いて語りかけることがありますから、何らかのキャラクターをもっているようなのですが、姿はありません。また神の姿を偶像として描いてはならないというのが、神の掟《おきて》なのです。

聖書の中には、アダムとイブの話とか、洪水に方舟《はこぶね》をうかべて生き残ったノアの話などが記されていますが、ユダヤ民族と神とを決定的に関係づけたのは、アブラハムの物語です。この人物はユダヤ民族の祖とされていますので、少し詳しく語っておきましょう。

アブラハムはメソポタミアの北部に住む砂漠の民でした。砂漠に隣接したわずかな草地で羊を飼って生きていました。日本のような風土では、山や川や滝や島などが、神として崇《あが》められますが、砂漠には何もありません。だから多神教にはならないのです。

それでもわずかな雨で草が伸びたり、羊が子を産んでくれたりすれば、生活が成り立ちます。雨が降るのも羊が子を産むのも、偶然の要素がありますので、努力だけではうまくいきません。疫病で羊がばたばたと倒れることもあります。努力だけでは克服できない運任せのようなところがあるので、何かに祈らずにはいられないという気持ちになるのでしょう。

砂漠にあるのは、頭上から照りつける太陽だけです。そこで、一神教というものが生じたのだろうと思われます。

アブラハムは神を信じ、毎日祈りを捧《ささ》げていました。月に一度は祭壇で小羊を焼いて神に献げる儀式も励行していました。そのアブラハムに神が声をかけます。砂漠の向こうにすばらしい土地があるというのです。

神に約束された土地を目指して、アブラハムは妻とともに旅をします。そしてたどりついたのが、カナンと呼ばれる、現在のエルサレムのあたりです。

エルサレムやその周辺の町は、砂漠の中のオアシスです。とくにエルサレムは石灰岩がカルスト地形（石灰岩が水に浸食されて鍾乳洞《しょうにゅうどう》などができる）を作っているところで、豊かな湧き水がありました。アブラハムはこの地で、羊を増やし、豊かな生活を送るようになります。

長く子どもに恵まれなかったのですが、百歳になった時にイサクという男児を得ます。アブラハムはこの男児を大切に育てます。ところがそのアブラハムに神は試練を与えます。信仰心を確かめるために、難題を与えるのです。

いつも祭壇で焼いている小羊の代わりに、息子のイサクを献げなさい。

ひどい要求ですが、これは神の試みです。アブラハムの信仰心を試しているのですね。

祭壇は丘の上にあります。いつもアブラハムは小羊とともに息子のイサクを同伴させていました。いつものように丘を登り始めると、聡明なイサクが問いかけます。お父さま、どうして今日は、小羊がいないのですか。こんなふうに息子に言われたら、お父さんは困ってしまいます。

しかしアブラハムは意を決して、イサクを祭壇に縛りつけ、薪《たきぎ》をセットし、そのまま焼くのはかわいそうなので、ひと思いに命を絶とうとナイフを取り出します。そして息子の胸めがけてナイフを振り下ろそうとした時、アブラハムの耳に神の祝福の声が響きます。

神の試練に耐えたアブラハムは神の祝福を受けます。そして、天地創造からノアの方舟の段階では、全人類（少なくともノアの子孫）の守り神だった神が、これ以後は、アブラハムの子孫だけの守り神となったのです。

イサクも神を信仰し、さらにアブラハムの孫にあたるヤコブは、数多くのエピソードを残したのですが、ここでは割愛します。ただ彼は暗闇の中で神と相撲《すもう》をとったという話が残っていて、神というものが抽象的なものではなく、形のある存在だということを、自らの手の感覚で確認した特筆すべき人物です。

『旧約聖書』のその部分をじっくりと読めば、イサクが暗闇の中で相撲をとったのは神そのものではなく、天使のようなものだったのでしょうが、それでもイサクは、「神に勝った」あるいは「神に触れた」というような意味の「イスラエル」という名を神からもらうことになります。

このイスラエル（ヤコブ）には十二人の子息がありました。子孫たちは「イスラエルの民」と呼ばれ、また十二人の兄弟から十二部族が起こったとされています。

なお、本書のテーマとは直接の関係はないのですが、アブラハムはイサクを授かる前に、エジプト人の奴隷女との間にイシュマエルという男児を得ていました。しかし本妻がイサクを産んだため、母子は砂漠に追放されます。しかしイシュマエルは神の祝福を受けて砂漠を横断し、アラビア人として生き抜くことになります。その子孫からムハンマド（マホメット）が生まれたとアラビア人たちは考えています。

従って、ユダヤ教、キリスト教、イスラム教の神はすべて同じ一つの神なのです。

## 「旧約」と「新約」の意味するところ

ユダヤ民族の歴史が書かれた書物を『旧約聖書』と呼んでいますが、これはもちろんキリスト教徒による呼び方です。『旧約聖書』はユダヤ教の経典そのものです。ユダヤ教徒にとっては、経典は一つしかありません。ただ「聖典」とか「ヘブライ語聖書」（イエスの時代には当時の地中海で交易に用いられたギリシャ語の訳もありました）と呼ばれています。

これに対し、キリストの事蹟である四つの福音書と、使徒《しと》と呼ばれる弟子たちの事蹟を記した使徒行伝《ぎょうでん》、そしてパウロ（前一〇頃〜六五頃）を中心とした初期キリスト教の伝道者の論文などをまとめたものが『新約聖書』（ギリシャ語で書かれています）です。

イエスはユダヤ民族の出身であり、ユダヤの都エルサレムと、北方にあるガリラヤ湖の周辺で教えを説きました。聞き手の弟子たちや民衆はユダヤ人で、ユダヤの伝統的な世界観をもっています。

釈迦がバラモン教の世界観を前提として教えを説いたように、イエスもまたユダヤ教の世界観を前提としていました。ですからイエスはユダヤ教の聖典を読み込み、そこからしばしば語句を引用しました。だからこそキリスト教徒たちも、ユダヤ教の聖典を尊重して、『旧約聖書』として受け継いでいるのです。

では、キリスト教徒にとっての二つの聖書を区別している「旧約」と「新約」とは何なのでしょうか。

「新約」とは言うまでもなく、イエスが十字架上で神と結んだ新たな契約です。これについてはあとで詳述します。

では、「旧約」すなわち旧《ふる》い契約とは何なのか。

出発点はアブラハムによる契約です。神の試練にさらされ、わが子イサクを犠牲の小羊として神に献げようとしたアブラハムの信仰心が、アブラハムの子孫すなわちイスラエルの十二部族を神が守るという、神の約束を引き出したのです。

## ユダヤ民族の栄光と挫折《ざせつ》

話には続きがあります。

イスラエルの子孫たちは、結局、エジプトに出稼ぎに行って、奴隷に等しい貧しい暮らしをしていました。この時、モーセという英雄が現れて、イスラエルの民を引き連れてエジプトを脱出し、もとのカナンの地、現在のパレスチナを目指して大移動を始めます。途上、シナイ山で、モーセは神の姿を目撃します。

神はモーセに十戒を与えます。これが狭い意味での「旧約」です。この時、神とモーセとの間に契約が結ばれ、イスラエルの民は十戒を守ることを約束し、神は見返りに、イスラエルの民の繁栄を約束したのです。

モーセはイスラエルの民を率いて故郷のパレスチナに帰り、後継者のヨシュアがエリコの闘いに勝利して、この地に住みつくことになったのですが、しばらくの間は苦しい日々が続きました。十二部族が分裂して統制がとれず、もとからこの地に居住しているペリシテ人との争いに負けてばかりいたのです。

ところが預言者サムエルが現れて、まだ羊飼いの少年であったダビデの頭を香油で浄《きよ》めて祝福します。この少年ダビデがペリシテ人を率いていた巨人ゴリアテを倒したことから、十二部族がダビデのもとに結集し、ついにペリシテ人を撃退して、ダビデは王となり、エルサレムの地に王城を築きます。

この王国は当初はイスラエル王国と呼ばれたのですが、のちにはユダ王国、またはユダヤ王国と呼ばれることになります。十二部族には居住する地域が割り当てられていたのですが、エルサレムがあるのはユダ族の土地でした。そこで王国は、「神の地ユダ」といった意味の「ユダヤ」と呼ばれることになります。

またサムエルが香油でダビデを祝福したことから、「香油で浄められた王」という意味で、ダビデは「メシア」と呼ばれました。同じような風習がギリシャにもあったことから、のちに『旧約聖書』がギリシャ語に翻訳された時、「メシア」はギリシャ語で「クリスト ス」と訳されました。「キリスト」の語源です。

「旧約」といった場合、狭い意味ではモーセがシナイ山で受けた十戒による契約を意味するのですが、出発点はアブラハムがわが子イサクを犠牲にする覚悟で神と結んだ契約と、モーセによるエジプト脱出、さらにダビデが預言者に香油で浄められてユダヤ王国が建設されるまでの流れのすべてが、「旧約」だと考えることもできます。

とくにポイントとなるのは、アブラハムが結んだ神との最初の契約です。このことを記憶しておいてください。イエスの活動の重要な伏線になるのです。

さて、ダビデ王が築いたユダヤ王国は、子息のソロモンのころに全盛期を迎えます。やがて王国は分裂し、ユダ族とベニヤミン族以外の十部族が結集して、新たなイスラエル王国を築きます。エルサレムの北側に広がる地域です。

北のイスラエル王国、南のユダヤ王国という分裂時代がしばらく続いたのですが、北側の地域はメソポタミアの北部に起こったアッシリアに滅ぼされ、混血が進んでのちにサマリアと呼ばれます。純血を重んじるユダヤ人にとっては、サマリアは異国ということになります。

ユダヤ王国の栄光も長くは続きませんでした。メソポタミアの南部を支配したバビロニアによって、ユダヤ王国は壊滅し、王侯貴族や配下のユダヤ人は奴隷となってバビロニアに連行されます。「バビロンの捕囚」と呼ばれる苦難の日々が続きました。

この時期に、何人もの預言者が出現して、ユダヤ民族を励ましました。そしていずれの日にか新たなメシアが現れて王国が復活するという預言をしたのですが、奴隷状態になっているユダヤ人にとっては、ダビデのような英雄がもう一度現れるという話は、絵空事としか感じられなかったのではないでしょうか。

預言者が次々に現れた時期の後半になると、彼らが語る英雄のイメージが変化していきます。強い英雄ではなく、虐げられ滅ぼされる、悲劇の主人公として、新たなメシア像が語られるようになるのです。

虐げられ滅ぼされる英雄とは、いったいどのような存在なのでしょうか。

アブラハムとイサクのことを思い起こしてください。わが子イサクを犠牲にする覚悟で神と交わした最初の契約。「バビロンの捕囚」という困難な状況の中で、そこから大逆転でユダヤ民族を救う奇蹟的な方法として、預言者たちは、イサクに代わって新たな犠牲となる英雄の出現を想い描いたのです。

預言者たちの語るところによれば、メシアと呼ばれる英雄は、武力で王国を再現するのではなく、虐げられ滅ぼされることによって、神と新たな契約を結ぼうとするのです。

彼はメシアですから、ダビデの子孫でなければなりません。

またダビデはエルサレム郊外の小さな村で羊飼いをしていました。その村の名はベツレヘム。従って新たなメシアもこの村で生まれなければなりません。

預言者たちによって、イエスに関する物語は、すでにできあがっていたということも可能です。

## 「ユダヤ」という名称について

改めて、「ユダヤ」という名称についてお話ししておきましょう。

古代のユダヤ人はヘブライ人と呼ばれていました。用いていた言語もヘブライ語と呼ばれています。『旧約聖書』の原典は、ヘブライ語で書かれています。

ただこのヘブライ語は、母音の表記が不明確で、唯一絶対の神の名称が、エホバなのかヤハウェなのか、いまだに確定されてはいないのですが、「ヤ」とか「イェ」あるいは「イェル」といった発音が神を示すとされています。

エルサレムの南に「ヘブロンの谷」と呼ばれる場所があり、アブラハムの墓があるとされていますが、「ヘブライ」あるいは「ヘブロン」という言い方は、ギリシャ語の「川向こうから来た人」というような意味で、アブラハムが来る前にパレスチナ地方にいたカナン人が、そのような言い方をしたものと考えられます。

アブラハムの子孫たちは自分たちのことを、「イスラエルの民」と呼んでいました。現在の国の名前もイスラエルです。これはすでにお話ししたように、神と相撲をとったヤコブが与えられた名前に由来しています。

「ユダヤ」という名称は、十二部族の一つのユダ族に由来します。ユダ族出身のダビデ王が起こしたイスラエル王国が分裂して、北部がイスラエル、エルサレムのある南部がユダヤと呼ばれることになりました。アッシリアに滅ぼされた北部の人々は、地中海沿岸のトルコなどに逃げるか、とどまってアッシリア人と混血したのですが、ユダヤの人々はそれらの人々を純血のイスラエルの民と認めなくなりました。

やがてユダヤ王国の人々は「バビロンの捕囚」という屈辱を体験したのですが、その屈辱を体験しながら、預言者たちの預言を信じていた人々のみが、正統のイスラエルの民ということになります。ここから、ユダヤ人だけが正統なイスラエルの民だということになり、ユダヤとイスラエルはほとんど同義語として用いられるようになったのです。

ただし、狭い意味では、ユダヤはエルサレムのある狭い地域を指します。イエスが初期の段階で活動したガリラヤ湖周辺は、サマリアよりもさらに北にありますから、狭い意味ではユダヤには含まれません。

イエスはおそらくガリラヤで生まれ、教団がかなり大きくなるまでは、ガリラヤ湖周辺から離れなかったと思われますが、福音書ではベツレヘムで生まれたことになっています。これは預言者の預言が実現されなければならないと考える人々によって伝えられた、一種の伝説といえます。同様に、イエスの父親（戸籍上の父）がダビデの子孫だというのも、ただの伝説と考えるべきでしょう。

釈迦には数多くの伝説がつきまとっています。釈迦が現れる以前にすでに「仏陀」という概念は民間に広まっていました。それと同じように、イエスが現れる前に「メシア」（キリスト）という概念が民衆の間に広まっていて、イエスが現れると民衆が勝手に大きな期待をもって、過剰なほどに伝説を盛り上げてしまうということがあったのかもしれません。

つまり本人の言動とは離れたところで、伝説だけが一人歩きするということがあったのではないでしょうか。
ともあれ、イエスが登場する前に、すでにメシア伝説というものが前に進み始めていたということは、おわかりいただけたと思います。

## ユダヤ民族の苦難はさらに続く

これでイエスの生涯を語る準備は整いましたが、イエスが生まれた当時の、ユダヤの政治と経済の状況を語るためには、あと少しだけ、ユダヤ人の苦難の歴史を語る必要があります。

「バビロンの捕囚」という屈辱の歴史は、バビロニアの衰退という事態によって終わりを告げました。ユダヤ人は奴隷状態から解放され、自由の身となります。彼らは砂漠を横断して、故郷のエルサレムに帰りました。

かつてのバビロニアとの戦争によって、エルサレムは壊滅的な被害を受けています。しかし石を積み上げた城壁都市なので、残骸《ざんがい》は残っています。ユダヤ人たちは石を積み直して、都市の修復をはかりました。

ところが、ユダヤ人たちはさらなる苦難にさらされることになります。

アフリカ北海岸に拠点を置く、ギリシャ系の国家マケドニアが、アレクサンドロス大王の号令のもと、地中海の東半分からメソポタミアまでを支配下に収める大帝国を築き上げたのです。最終的にはインドの北西部にまで、マケドニア軍は進撃していきました。

エルサレムのあるパレスチナ地方も、マケドニア帝国に制圧されてしまいます。

ギリシャ人たちがこの地域を支配し、ユダヤ人たちは隷属を強いられます。

屈辱的だったのは、ギリシャ人たちがパレスチナの各地に、ギリシャ神話に出てくるゼウスやアポロンの神像を築いて、ユダヤ人たちに崇拝することを強要したことです。

偶像崇拝の禁止は十戒の二番目に書かれている大切な掟です。命を捨てても守らなければならないというのが十戒なのです。多くのユダヤ人が反抗し、命がけで闘いました。

しかしギリシャ人の支配者は苛酷《かこく》な弾圧を続け、捕らえたユダヤ人に豚肉を食べさせるなどの刑罰を与えました。

豚肉を食べさせるのが刑罰だというと、なぜそれが苦痛なのかといぶかる人もいるでしょうが、ユダヤ教徒（イスラム教徒も同様です）は豚肉を食べません。十戒には書いてありませんが、もともと砂漠の民は、豚肉を食べない風習があり、いつしか民族の掟になっていったのです。

ギリシャ人は豚肉が大好きです。ですから豚肉を食べないユダヤ人の風習をおもしろがって、わざと豚肉を食べさせたのです。これはユダヤ人にとっては、民族の尊厳を侵されるような屈辱でした。

少し話が横道にそれるのですが、豚肉の話をしておきましょう。砂漠の民が豚肉を食べない理由は二つあるといわれています。

一つは、豚肉は生で食べると食あたりするからです。これは現在では、誰もが知っている注意事項です。馬刺しという言葉があるように、馬肉は生でも食べられますし、牛肉を生で食べる人もいますが、豚肉は生では食べられません。

しかし焼けば食べられますし、干し肉にすれば保存もできます。ギリシャ人はそのことを知っていたのですね。王侯貴族や商人は豚肉料理を好み、豚の飼育や加工は重要な産業になっていました。

福音書の中にも、豚が出てきます。人にとりついた悪霊が、イエスの許しを得て豚にとりつき、その豚が悲鳴をあげて湖に飛び込んでいく場面があります。イエスが主に活動したのは、ユダヤ人たちが居住しているガリラヤ湖の西側なのですが、時にはガリラヤ湖の東側に出向くこともありました。東部にはデカポリス（ギリシャ語で十の町）という地域があり、ギリシャ人たちが住んでいましたので、豚も飼われていたのです。

さて、砂漠の民が豚を食べない第二の理由の方が重要です。羊は草を食べます。人間が食べない草を食べるので、人間と羊は共存できます。羊もいずれは食べられてしまうわけですが、もともと人間が食べられない草を食べた羊を人間が食べるというわけですから、人間の食べ物がそれだけ増えるということになります。

豚は違います。豚は草を食べることはできないのです。何を食べるかというと、雑穀です。古代の地中海沿岸においては、イナゴ豆と呼ばれる、砂漠でも生育する豆を、豚の飼料としていました。

ユダヤ人の主食はパンです。エルサレムの周囲は乾燥地帯で、小麦は高価です。貧しい人々は乾燥に強いイナゴ豆を主食としていました。そのイナゴ豆を豚が食べるとなると、貧しい人は食べるものがなくなります。

豚がイナゴ豆を食べ、貧しい人は飢える。そういう事態が起こらないように、砂漠の民は、豚を遠ざけ、食べないということを、昔から掟にしてきたのです。

掟ですから、子どものころから、豚は不浄なものと教え込まれています。食べて実際に食あたりするかどうかということではなく、不浄なものを無理に食べさせられるということが、ユダヤ人にとっては耐えがたい屈辱であり苦痛だったのです。

そのようなかたちでギリシャ人はユダヤ人に対して、虐待に近い支配をしたため、ユダヤ人たちは命がけで反抗しました。そのありさまは、『旧約聖書』の「外典」として伝えられた「マカベア書」に詳しく書かれています。

## イエス登場直前の時代背景

アレクサンドロス大王の死後も、マケドニアの支配地はギリシャ人の将軍たちに分割して引き継がれました。しかしやがて、ローマ帝国の時代になります。

ローマもマケドニアと同様、地中海沿岸の広大な地域を支配することになりますが、ギリシャ人が支配した時のユダヤ人の命がけの反抗という歴史を知っていたので、ある種の配慮をもって支配することになります。

ローマは宗教としてはギリシャ神話から受け継いだ神々を信仰していました。多神教で偶像崇拝です。しかしローマは自分たちの信仰をユダヤ人に強制することはありませんでした。

サドカイ派と呼ばれるユダヤ教の祭司たちによるユダヤ教の儀式を認めるとともに、純粋のユダヤ人ではないのですが、隣接したイドマヤ出身のヘロデ（前七三頃〜前四）という人物をユダヤの王として、自治を許しました。

ローマから派遣された総督が、ローマ軍を支配し、千人隊と呼ばれる師団が五つほど、ユダヤに駐屯していたのですが、ユダヤ人による最高法院（サンヘドリン）と呼ばれる議会制の宗教裁判機構があって、政治、法律、宗教などを推進していました。

つまり植民地ではあっても、ほぼ完全に自治が認められているといってもよかったのです。

いまの日本を見ると、米軍が各地に駐屯しています。似たような状況だと見ることもできますが、長く苦難の歴史に耐えてきたユダヤ人にとっては、自分たちの土地に異国の軍隊が駐屯し、人頭税や通行税などをローマに取られるのは屈辱だったのでしょう。

ローマがユダヤの自治を許したのは、マケドニアによる支配の時期にユダヤ人の反乱が続いたという歴史を知っていたからですが、その時期のローマには、ユダヤを軍事力で制圧できない事情がありました。

皇帝ユリウス（英語ではジュリアス・シーザー。前一〇〇頃～前四四）の時代に、エジプトの王族のクレオパトラと結んで内乱に加担し、結果的に、軍事力によってエジプトを制圧しようという試みが完全には成功せず、戦闘が長く続いていました。そのため、主力部隊をエジプトやその周辺に投入する必要があったのです。

パレスチナは補給基地として重要な拠点であったため、軍隊は置いていましたが、戦力が限られていたので、ユダヤ人を力で制圧するわけにはいかなかったのです。

小麦などの食料品や、オリーブ油、葡萄酒などが、カイサリアという港から、エジプトに向けて輸送されました。そうした物資の生産や運搬で、ユダヤの地主や商人は大いに潤っていました。

その元締めとなっていたのがヘロデ大王で、自治を許された範囲内で権力を振るい、商人たちからは税や賄賂《わいろ》を取って、エルサレムの修復にあて、ついにはダビデ王の時代を再現するほどの豪壮な城壁都市を完成させました。

城壁都市の中央には巨大な神殿が再建されました。ダビデ王が築いた大神殿に対し、ヘロデ大王が再建した神殿は第二神殿と呼ばれました。

このように、ユダヤという国も、エルサレムという都市も、大いに繁栄していたといえるのです。

儲《もう》かっていたのは貴族（地主）や商人など一部の富裕層でしたが、穀物や葡萄酒などが輸出されていましたから、農民たちにも安定した収入があったはずです。

しかしローマの手先となって経済を優先するヘロデ大王に対して、批判する人々もいました。とくにモーセの十戒を守り、律法に従って生きようとする質素で禁欲的な人々は、同時に純粋な民族主義者でもありましたので、ローマやヘロデ大王に対して、敵意を抱いていた人々も少なくなかったのです。

イエスが登場したのは、このような状況です。ローマに支配された植民地状態であるということは事実なのですが、「バビロンの捕囚」のころのような奴隷状態ではありませんし、ギリシャ人に支配されていたころの屈辱的な状況でもありません。

## ユダヤ教の主な派閥

ある意味で中途半端な状況をどうとらえるかで、ユダヤ人たちの中にも、いくつかの派閥のようなものができていました。

その派閥を先に掲げておきましょう。

サドカイ派。

パリサイ派。

エッセネ派。

バプテスマのヨハネ教団。

熱心党《ゼロータイ》。

釈迦が登場する前に六師外道といういくつかの教団があったように、イエスの前にもこれだけの派閥がありました。これらはイエスの活動にとっても重要な意味をもっている派閥ですので、一つ一つ順を追ってお話ししておきます。

サドカイ派は伝統的なユダヤ教の祭司たちです。世襲制のいくつかの家系があって、それぞれに祭司長と呼ばれる代表者を出し、最高権威者の大祭司は有力な家系の祭司長が輪番制でつとめることになっていました。

ところがアンナスという大祭司がヘロデ大王と結託して、長く独裁を続け、さらに自分の娘婿カヤパに大祭司の地位を譲りました。要するに大祭司という地位を世襲したわけですね。イエスが活動を始めたころは、このカヤパが大祭司をつとめていました。

祭司たちは収入が保証されています。国民は神殿税というものを払う義務を負わされていますし、多くの人々は年に一度、エルサレムの神殿に出向いて、血の浄めの儀式を受けることになります。この時にも国民は費用を払うことになります。

血の浄めとは犠牲の動物の血によって、一年間の穢《けが》れを浄める儀式で、神殿の前に業者が屋台を構えて、犠牲の動物を売っています。牛、羊、鳩というのがメニューで、自分の収入に応じて動物を購入することになります。購入された動物は神殿の中に引き入れられ、血を流すというのが立て前ですが、実際に血を流すようなことはなく、動物は神殿の裏口からこっそりと運び出されて、また業者の屋台で売られることになります。

このように同じ動物が何度も売られ、結局のところ、神殿のサドカイ派が利ざやを稼ぐことになるのです。

サドカイ派の人々は収入が保証されていますし、世襲制で昔からの儀式を踏襲していればいいのですから、保守的です。ローマに支配されている現状も、彼らにとっては問題ではありません。ユダヤ教の信仰はローマが認めてくれていますし、ローマ支配下で経済が発展すれば、豊かな人々の寄進があるので、サドカイ派の収入も増えるからです。

パリサイ派は民間のユダヤ教信徒ですが、ユダヤ教の厳しい戒律を徹底的に守ろうとする、一種の原理主義者です。中には律法学者と呼ばれる、聖典すなわち『旧約聖書』の研究者もいます。エルサレムの貧民の中に、パリサイ派の信奉者が多数いたようで、イエスが活動を始めた時に厳しくイエスを批判したのがこのパリサイ派でした。

彼らは律法を忠実に守ろうとする余り、道徳に厳格であり、禁欲主義者であり、また過激な民族主義者でもありました。商人でも農民でもなく、都市に住むことによって荷運びなどの低賃金の肉体労働でわずかな収入を得ている人々です。

エルサレムの街の中で底辺に置かれている欲求不満を、極端な原理主義や禁欲主義、民族主義などに転化して、むきになってきわめて厳格な原理を推し進めるということがあったのかもしれません。

サドカイ派は一部の特権階級にすぎませんが、パリサイ派はエルサレムの一般市民ですから、大きな勢力をもっていました。

## イエスはどこから来たのか

ここから先は、イエスの活動と直接に関わってくるグループです。

まずはエッセネ派。荒れ野などで修行をしている宗教集団です。エルサレムの神殿で祭《さい》祀《し》を担当しているサドカイ派と違って、彼らは野にあって、ユダヤ教の伝統と本質とは何かを、肉体的な鍛錬と哲学的議論を深めることによって追究しようとする人々です。

エッセネ派はヘロデ大王が再建した第二神殿を認めず、ユダヤ教の本質は別のところにあると考えていました。民族主義者でしたから、ローマ帝国の支配を受けながらローマ経済圏の中で利潤を得ているエルサレムの貴族地主や商人たちも認めていません。

荒れ野や、死海を見下ろす山岳地帯にあるクムランの洞窟の中などで、極端に質素な生活をしながら、修行をし、律法を学び、議論を続けてきたのです。大きな勢力ではありませんが、エッセネ派を支援する人々もいて、ギリシャ人が豚に与えるイナゴ豆などを栽培して、修行者たちに提供していました。

エッセネ派はユダヤ教の聖典や外典を読み込んでいました。その上で、新たな哲学を打ち立てていたようです。

荒れ野の修行者やクムラン僧院については、伝説だけがあって、彼らの思想についてはわからない部分も多かったのですが、いまから半世紀ほど前に、地中海を見下ろす崖の上にある入口を閉鎖された洞窟の中から、大量の文書が発見されました。『死海文書《しかいもんじょ》』と呼ばれるその文書を解明することによって、エッセネ派の全貌《ぜんぼう》が見えてきました。『死海文書』の中には、イエスが語った「山上の垂訓《すいくん》」と呼ばれる演説の基本形のようなものが見られます。このことから、イエスは突然に現れた英雄でも、屹立《きつりつ》した教祖でもなくて、エッセネ派の修行者たちとの交流の中で、自らの思想を研《みが》いてきたのだということがわかってきました。

またイエスの十二使徒の中の、ピリポ、バルトロマイ、トマスは、かなり教養の高い人物ですので、もとはエッセネ派の修行者ではないかと思われます。

イエスは教えの中で、しばしば『旧約聖書』を引用します。パリサイ派の律法学者と呼ばれる人々も、『旧約聖書』の内容に通じていましたので、主に彼らと論争する時に、自らの教養を示すとともに、相手の論旨を逆手にとるような解釈で反撃していくのが、イエスの論法なのですが、イエスがどこでそのような知識を得たかというのは、注目すべきところです。

イエスは「神の子」なのだから、何でも知っているのは当たり前だと、宗教関係者なら言うでしょうが、イエスは同時にマリアという生身の母親から、肉体をもった存在として生まれたのですから、人間として育ったはずです。

この時代に、ヘブライ語というものは完全に衰退して、誰もしゃべれなくなっていました。すでに『旧約聖書』はギリシャ語に翻訳されていましたし、のちに書かれる『新約聖書』も、すべてギリシャ語で書かれました。

しかしイエスがギリシャ語を話したという記述は、福音書のどこにもありません。イエスはおそらく、当時のパレスチナ地方の口語であったアラム語を話していたのでしょうが、出身地が首都のエルサレムから離れたガリラヤ州の、山岳地帯にあるナザレということなので、独特の訛《なま》りがあったはずです。

たとえば「イエス」という名前ですが、これは『旧約聖書』に登場するモーセの後継者の「ヨシュア」が訛ったものですし、母の「マリア」というのも、モーセの姉で巫女《みこ》であったとされる「ミリアム」が訛ったものです。ガリラヤ州の人々にはこの程度の訛りがあったものと推測されます。

イエスがギリシャ語の『旧約聖書』を読んだとは思えません。おそらくは口伝で聖書の内容を勉強したのでしょう。イエスはエルサレムの神殿の権威を認めず、犠牲の動物を売る業者の屋台を壊したりしています。これもエッセネ派の主張に近い行動ですので、おそらく自分で教団を作る前には、エッセネ派で修行をしたのでしょう。

福音書にはイエスが活動を始める前に、荒れ野で悪魔と問答をしたという記述がありますが、エッセネ派の修行の場ではディベートが盛んで、さまざまな状況設定で論争することを修行の一つとしていたとすれば、福音書に書かれている悪魔との問答も、エッセネ派での議論を、演出を変えて提示したものと考えられます。

## バプテスマのヨハネの後継者

エッセネ派の活動は、荒れ野や洞窟という人里離れた場所に限られたものですので、大衆の支持を受けていたわけではありません。当時のガリラヤ地方で、エッセネ派をはるかにしのぐ人気をもっていた伝道師がいました。バプテスマ（洗礼）のヨハネです。

バプテスマのヨハネは実在の人物で、その教団は大規模な広がりを見せていたと、帝政ローマ期の歴史家のフラウィウス・ヨセフス（三七〜一〇〇頃）が記述しています（ちなみにこの歴史家はイエスには言及していません）。

バプテスマのヨハネは、エルサレムの第二神殿を否定していました。とくにガリラヤ州の人々にとっては、エルサレムは日帰りできない遠方にあります。

ガリラヤとユダヤの間にはサマリアがあります。かつて王国が分裂していた時代の北に位置したイスラエル王国のあった地域で、アッシリアに滅ぼされたあと混血が進んだため、同じユダヤ民族でありながら、エルサレムの人々からは異国人扱いされていました。サマリアの人々もユダヤの神を信仰していたのですが、手近なゲリジム山というところに自分たちの神殿を築いていました。

ガリラヤの人々にとっては、エルサレムはサマリアを越えて行かなければならないので、年に一度の神殿での儀式は大きな負担でした。犠牲の動物の費用などに加えて、エルサレム近郊で宿泊する必要があります。このため、エルサレム近郊の村には、巡礼宿がありました。イエスが生まれたとされるベツレヘムの馬小屋も、巡礼宿の馬小屋です。宿が満室だったので（あるいは節約のため）、馬小屋に宿泊していたのです。

安宿とはいえ、ガリラヤの人々にとっては、旅行の費用は負担になりますし、徒歩で往復するのも大変です。

バプテスマのヨハネは、ガリラヤ湖から流れ出るヨルダン川で洗礼の儀式を行っていました。洗礼とは信徒の頭に水をかける浄めの儀式です。神殿では犠牲の動物の血で浄める儀式をするという立て前でお金だけ取っていたのですが、ヨハネは実際に信徒の頭にヨルダン川の水をかけることで、浄めをしていたのです。

これは安上がりな儀式です。もちろんヨハネの教団に多少の寄進をする必要はあったのでしょうが、巡礼宿の宿泊料や犠牲の動物を買う費用と比べればわずかな負担です。

浄めの儀式が成立するためには、水をかけるだけで神殿での浄めの儀式の代用になるということを、信徒たちが心の底から信じる必要があります。

バプテスマのヨハネには、教祖として教団を率いるだけの見識と人徳があったはずです。イエスは自らの活動の出発点で、ヨルダン川に出向き、ヨハネによる洗礼を受けています。エルサレムの神殿による血の儀式を否定するという点で、ヨハネとイエスは共通の世界観をもっています。イエスはヨハネの後継者といえるのかもしれません。

バプテスマのヨハネは、ローマの経済圏の中で利益を得ている王侯貴族を鋭く批判したため、ガリラヤ州を統治していたヘロデ・アンティパス（ヘロデ大王の息子）に捕らえられ、処刑されたと伝えられます（伝説ではサロメという女、またはその母親に恨まれたせいだということになっています）。

イエスの一番弟子ともいえるペテロと弟のアンデレは、ガリラヤ湖の漁師でしたが、当初はバプテスマのヨハネの弟子だったようです。またガリラヤ湖の網元ゼベダイの子息のヤコブとヨハネ（バプテスマのヨハネとは別人）の兄弟も、最初はバプテスマのヨハネの支持者だったと思われます。

つまりイエスは、処刑されたバプテスマのヨハネのあとを引き継ぐような形で、自らの教団を率いたのです。

## 過激な民族主義者たちの一団

イエスの先駆者あるいは敵対者となったグループについてお話ししてきましたが、最後にお話ししておかなければならないのは、熱心党です。

この集団は、ギリシャ人の支配を受けていた時代の反乱軍の伝統を受け継いだゲリラ部隊です。ギリシャ人は偶像崇拝や豚肉の強要など、ユダヤ人にとっては耐えられない高圧的な統治を続けました。そのため多くのユダヤ人が団結して闘いました。

ところが信仰や自治を認めるローマの巧妙な支配によって、貴族地主やサドカイ派の祭司などは、ローマ側に取り込まれてしまいました。民族主義を守り抜こうとしているパリサイ派とエッセネ派も、ユダヤの伝統を守って質素に生きようとして、禁欲的な生活を送ることに熱意を傾けるだけで、自ら武器を取って闘おうとはしません。

熱心党は孤立の道を歩むことになりますが、ガリラヤ州ではゲリラ活動を続け、時には小規模な反乱を起こしていました。彼らの狙いは、とことん闘い抜くことで、いまは日常生活の中に埋もれている一般の民衆を巻き込み、大きな反乱を起こすことでした。その狙いはやがて実現します。

イエスの亡くなったあとのことですが、ローマによる弾圧が厳しくなってきたこともあって、熱心党は多くの支持者を得て、ユダヤ戦争と呼ばれる大きな戦闘に発展していきます。

巨大な帝国ローマを相手に闘うことは自滅というしかありません。西暦七〇年ころに、ユダヤ人は大敗北を喫して、死海の西岸にあるマサダの砦《とりで》に籠城したユダヤの闘士たちは全滅し、エルサレムは瓦礫《がれき》となってしまいました。それ以後、ユダヤ人たちはパレスチナ地方には住めなくなり、永遠とも思われる流浪の生活を強いられることになります。

イエスが十字架にかけられる前に、ローマ人の総督ピラトは、何とかイエスを救いたいと思ったのか、自分に責任がかかることを恐れたのか、バラバという盗賊とイエスのどちらかを恩赦すると宣言して、ユダヤ人たちにどちらを救うか選べと問いかけます。すると民衆はバラバを許せと叫んだと伝えられます。

バラバというのはただの盗賊ではなく、おそらくはゲリラ運動の指導者だったのではないでしょうか。

またこれはわたしの見解ですが、イエスを裏切ったイスカリオテのユダという人物も、熱心党の有力な指導者だったと思われます。

なぜかというと、福音書で十二使徒の名簿が掲げられる時は、いつも熱心党のシモンと、アルパヨの子ヤコブ、タダイ、イスカリオテのユダという四人が並んで記されているので、この四人は一つのグループであったと見られるからです。

またユダはイエスの教団で、財布を握っていたとされています。会計責任者だったわけで、教祖でありカリスマでもあったイエスの陰で、実質的に教団を統率していた人物ではないかとわたしは考えています。

見てきたように、十二使徒のうち、バプテスマのヨハネの支持者が四人（ペテロ、アンデレ、ヤコブ、ヨハネ）、エッセネ派が三人（ピリポ、バルトロマイ、トマス）、熱心党が四人（シモン、アルパヨの子ヤコブ、タダイ、イスカリオテのユダ）となっています。イエスは自分の活動をゼロから始めたのではなく、既存の勢力を糾合して新たな教団を作ったのでしょう。

この点では釈迦がサンジャヤの弟子の舎利弗や目犍連、拝火教の迦葉三兄弟などを弟子にしたことと似ています（六八ページ参照）。

## 収税人のマタイがなぜ使徒に？

最後に、まだ言及していない十二使徒の最後の一人で、重要人物ともいえるマタイについて語っておきましょう。

マタイは収税人として登場します。ガリラヤ湖の北にカペナウム（最近の聖書ではカファルナウムと表記）という町があります。ここはガリラヤ州のさらに北にあるイトラヤ州からの道と、ダマスコ（シリアのダマスカス）の方からの道が合流するところで、交通の要所です。葡萄酒、オリーブ油などの物産が荷車で通過するのですが、ローマは関所を設け、通行税を取っていました。

その通行税を取り立てるのがマタイの仕事で、言ってみればローマの手先となってユダヤ人から搾取するのが役目です。民族主義者にとって最も嫌悪すべき職務がこの収税人なのです。

収税人は一種の特権をもっています。荷車に積んである葡萄酒の樽《たる》の数を大ざっぱな目分量で数えて通行税をかけます。多めに税金をかけて自分の懐に入れるということもあったかもしれません。だからこそユダヤ人たちは収税人を嫌悪するのです。マタイはそういう周囲から疎まれる仕事をしている人物でした。

カペナウムはイエスの活動の拠点でもありました。交通の要所のこの町には、裕福な商人もいましたし、労働者も多く、宗教教団の活動の拠点としては絶好でした。

何よりも、湖の南の方にあるヘロデ・アンティパスの王城から離れているということも重要なポイントです。バプテスマのヨハネが逮捕され、処刑された直後ですから、宗教活動には慎重さが求められます。

実際にイエスは、人が集まりすぎて王の兵士らの監視の目が厳しくなると、湖の東岸の方に退避することもありました。こちらはヘロデ・アンティパスが管理するガリラヤ州ではなく、ギリシャ人たちが独立した居住区を作っているデカポリス（ここで豚が登場します）ですので、ヘロデの兵に追われる心配がなかったのです。

イエスがマタイの前に現れたのは、イエスが活動を始めてある程度の月日が経過してからです。すでにイエスは新たな英雄として多くの弟子をもち、民衆からも期待をこめて見守られていた時期です。当然、マタイもイエスの噂《うわさ》を聞いていました。

イエスは民衆の人気を集めている英雄であり、自分は民衆から嫌悪されている収税人である。そのことをマタイは十分に把握していました。

イエスが弟子たちを引き連れてマタイの館に入ってきた時、マタイは驚きました。これも宗教画の名場面の一つなのですが、マタイはイエスが自分を召し出そうとすることが理解できず、なぜ自分なのかと驚いたようすを見せます（絵画ではそのような場面が描かれています）。

ユダヤ人たちから嫌われている自分を、イエスが求めているということに、最初は驚いたマタイも、やがて歓喜に包まれ、イエスを信じて弟子になるのです。『新約聖書』の冒頭に掲げられている「マタイによる福音書」は、この収税人マタイが書いたものだとされています。

## 「罪の女」を入れたマタイの深い意図

作者は別にいるのかもしれませんが、少なくともこの福音書は、収税人マタイが書いたという設定で構成されたものです。なぜならこの福音書は、収税人であったマタイならではの特色をもっているからです。

収税人のマタイは帳簿や報告書を記す必要からギリシャ語が書けたはずです。そのこともマタイの特色なのですが、収税人であったという過去を負い目と感じているマタイにしか書けない特色が、福音書には秘められているのです。

この福音書は、『旧約聖書』の引用が最も多いことで知られています。イエスがいかにユダヤの律法に詳しかったかということを示すと同時に、イエスが預言者たちによって預言されたメシアだということを、『旧約聖書』を綿密に参照しながら、イエスの事蹟と照合しているのが、マタイならではの書き方なのです。

マタイは自分がユダヤ人として疎まれる職業に就いていたことを恥じています。だからこそ、自分の師であるイエスがユダヤの律法に詳しく、また預言者の預言どおりの事蹟を残したのだということを強調せずにはいられなかったのです。

もう一つ、「マタイによる福音書」の特色があります。マタイは冒頭に、アブラハムからイエスの戸籍上の父ヨセフに到る系図を掲げていますが、その中に、五人の女の名を加えています。

何代にもわたる系図の中に、母親の名前として、なぜその五人の名だけを入れたのかというところに、マタイの深い意図が秘められているのです。

その五人とは、娼婦に身をやつして義父と交わり跡継ぎの息子を得たタマル、エリコの闘いでスパイのように活躍した娼婦のラハブ、異邦人の後家が地主を誘惑して後添えになったルツ、夫のある身でダビデの妻となり実子のソロモンを後継者にするために暗躍したバテシバ（マタイは「ウリヤの妻」と表記）。

そして最後が、結婚する前に私生児とも思われる子を産んだマリアです。マリアは受胎告知によって神の子を宿したということになっていますが、世間的には父の知れない私生児を産んだということになってしまいます。

マタイはユダヤの歴史の中のキーポイントに、「罪の女」が関わっているということを強調しました。罪の女の系譜の果てにイエスが生まれたことで、イエスこそはユダヤの伝統を背負って登場した救世主なのだということを示したかったのでしょう。

収税人であったマタイは、その職業に負い目を感じています。だからこそ、罪の女というものにこだわらずにはいられなかったのでしょう。

## ユダヤの伝統に挑んだイエスの反骨精神

イエスの弟子たちに言及したので、あと一人、どうしても紹介しておかなければならない弟子がいます。十二使徒には数えられていないのですが、もしかしたら十二使徒よりも重要なのかもしれない側近中の側近です。

マグダラのマリア。

釈迦の教団にも尼僧はたくさんいましたし、伝説の中では、キサーゴータミー（九三ページ参照）を始め、多くの女性の物語が語られています。しかしマグダラのマリアのような、側近の女性というものは出てきません。これはイエスだけの特色です。マグダラのマリアはギリシャ正教でもカトリックでも聖人とされていて、各地にマグダラのマリアを祀《まつ》る寺院が建設されています。

伝説ではマグダラのマリアはフランスで亡くなったという話もあって、彼女の遺骨を収めたと伝えられる寺院が現存します。フランスではマリー・マドレーヌと呼ばれ、女子の名前として普及し、お菓子の名前にもなっています。

マグダラのマリアの名は福音書にも書かれているのですが、別の場面で登場する七つの悪霊を宿した女や、石をぶつけられそうになった罪の女も、マグダラのマリアのエピソードではないかと考えられ、イエスに救われることでイエスの側近になったと解釈されています。

そもそもマグダラというのは、ガリラヤ湖の西岸にある温泉地で、ローマ軍の将校の保養地だったとする説が有力です。だとすると、マグダラのマリアはローマ将校を相手にした娼婦のようなことをしていたのではないでしょうか。

モーセの十戒には、「姦淫《かんいん》するなかれ」という項目があります。ユダヤの掟は質素で禁欲的であることを奨励していますので、性に対しても否定的です。正式の夫婦が愛し合うことは認められるのですが、それ以外の性的行為は姦淫ということになって、厳しく制限されるのです。

だとすれば娼婦そのものも罪ですが、ローマ人相手の娼婦というものは、民族主義的なユダヤの人々にとって、最も嫌悪すべき存在のはずです。福音書の作者が、わざわざ「マグダラのマリア」と書いたのは、イエスの母のマリアと区別する必要があったということもあるでしょうが、この名称そのものに「罪の女」という響きがあったからでしょう。

そう考えてみると、ローマに納める税を取り立てる収税人マタイとローマ人相手の娼婦マグダラのマリアは、同じ立場にいたことがわかります。

そのマタイとマリアを弟子にする。そこにはユダヤの伝統や既存の価値観に果敢に挑戦しようとするイエスの、反骨精神のようなものが感じられます。

もちろんマタイやマリアに弟子としての資質があったから側近に取り立てたのでしょうが、民族主義者のパリサイ派の人々からすれば、収税人や娼婦を側近にするというのは、あってはならないことと感じられたことでしょう。タブーをあえて無視するところに、イエスの過激ともいえる革新的な思想が感じられます。

## マグダラのマリアという謎

教団の中に女性が側近として加わっているだけでも、禁欲的なパリサイ派から見れば、異例のことと感じられたでしょうが、どうやらマグダラのマリアは、十二使徒など男の弟子と同等か、あるいはそれ以上の存在であったようです。

福音書と呼ばれるものは『新約聖書』に収められている四つの福音書の他に、いくつかの「外典」が伝えられています。

その中で、エッセネ派の思想に近いもので、量的にも内容的にも、四つの福音書に匹敵するものだと見なされている「トマスによる福音書」では、マグダラのマリアは「マリハム」（ユダヤ人女子の伝統的な名前「ミリアム」に近い形）と呼ばれているのですが、イエスの第一の弟子というくらいに高く評価されています。他の弟子たちが理解できないことをマリハムだけが理解しているといった挿話がいくつも収録されています。

正規の福音書として『新約聖書』に収められている福音書でも、マグダラのマリアが特別の存在として描かれている部分があります。

まずはマグダラのマリアがイエスの足を香油で浄める場面です。これを見ていた使徒のユダが、「高価な香油を買うお金があったら、貧民を何人も救えるのに」と批判します。

この場面は「ヨハネによる福音書」では、ユダは教団の資金を着服していたので、マリアが高価な香油を無駄に使っていると指摘した、といった説明がついているのですが、すでにお話ししたように、ユダは民族主義のゲリラとも関係のあった人物ですから、貧民のことを心にかけていたのは事実でしょうし、イエスに信頼されていたからこそ、会計責任者を任されていたので、その立場からすれば、資金の節約を求めるのは当然のことです。

批判をしたユダをイエスはたしなめ、「彼女はわたしの葬儀の準備をしてくれているのだ」といった意味のことを語ります。

イエスはすでに死を覚悟していたのですし、イエスの死には特別の意味があります。伝説としても、イエスは受胎告知によってマリアの胎内に宿った神の子だとされていますが、イエス自身、神に向かって「父よ」と語りかけるなど、自分を神の子だと弟子たちにも語っています。

そして、神の子であるイエスは、犠牲の小羊として、死なねばならないのです。

アブラハムがわが子イサクを犠牲にする覚悟で、神と契約を結んだという話を思い出してください。

イエスは自らが犠牲の小羊になって、神との間に新たな契約を結ぼうとしているのです。それこそが「新約」という言葉の意味です。『新約聖書』とは、イエスが犠牲の小羊となって神と結んだ、「新たな契約」について書かれた書物なのです。

このことはイザヤなど、預言者たちが、虐げられ滅ぼされる英雄、というイメージで預言しています。イエスはおそらく荒れ野で修行をするうちに、エッセネ派の修行者から、律法や預言書について話を聞き、自らその犠牲の小羊になろうと決意したのでしょう。

イエスは十二使徒を相手に、しばしば、自分の死を預言しています。「マタイによる福音書」には、イエスが弟子たちに、自分がユダヤ教の指導者に苦しめられ、殺され、三日後に復活すると告げた時、弟子の筆頭ともいえるペテロが、そんなことを言わないでくださ い、いつまでも自分たちとともにいてください、と抗議すると、イエスが激しくペテロを叱責《しっせき》する場面が描かれています。

その時、イエスはペテロに向かって、「退け、サタン」という最大級の非難の言葉を投げつけています。

自分が犠牲の小羊になるというのが、イエスの思想で最も大切なことなのに、側近のペテロが少しも理解していないので、思わず罵倒《ばとう》の言葉を口にしたのでしょう。

このように、十二使徒たちは、イエスが十字架にかけられる直前の、最後の晩餐《ばんさん》の場面になっても、イエスの真意を理解しかねています。ところがマグダラのマリアだけは、イエスの死の意味を理解して、葬儀の先どりをしてイエスの足を香油で浄めたのです。

この時代の葬儀は、まず遺骸《いがい》を香油で浄め、香草をかけて亜麻布《あまぬの》で包みます。それから亜麻布で包んだ遺骸を洞窟の中に入れて入口に石を積み封印します。前述したようにエルサレムはカルスト地形の中にあるオアシスなので、到るところに洞窟がありました。ですから墓穴を掘る必要がなかったのです。

イエスは死刑囚でしたので、正式の葬儀はされませんでした。だからこそマグダラのマリアは、あらかじめ香油でイエスの足を浄め、葬儀の先どりをしていたのです。

香油の浄めは生前に実施したものの、香草での浄めは終わっていません。そこでイエスの遺骸が洞窟に封印されたあと、マグダラのマリアは香草をもって墓に赴きます。穴がふさがれていれば、女の力では中に入れないと心配していたのですが、行ってみると墓の入口は開いていて、中には亜麻布だけが残され、遺骸はなくなっていました。

マグダラのマリアが墓穴に出向く途中で、誰かとすれ違ったのですが、それではあれが復活したイエスなのかとマリアは思います。「ヨハネによる福音書」では、もっと具体的に、マリアがその人の胸にすがろうとすると、「わたしは父のみもとに戻るので、それまでは体に触れてはならない」とイエスが語ったことになっています。

このように、マグダラのマリアが、復活したイエスの第一目撃者であることは、すべての福音書が認めているのです。このことからも、マグダラのマリアが特別の存在であったことは明らかです。

民間伝承の中には、マグダラのマリアがイエスの妻だったというものまであります。わたしはマグダラのマリアこそが、イエスの第一の側近であり、ただ一人のイエスの理解者だったのではないかと考えています。

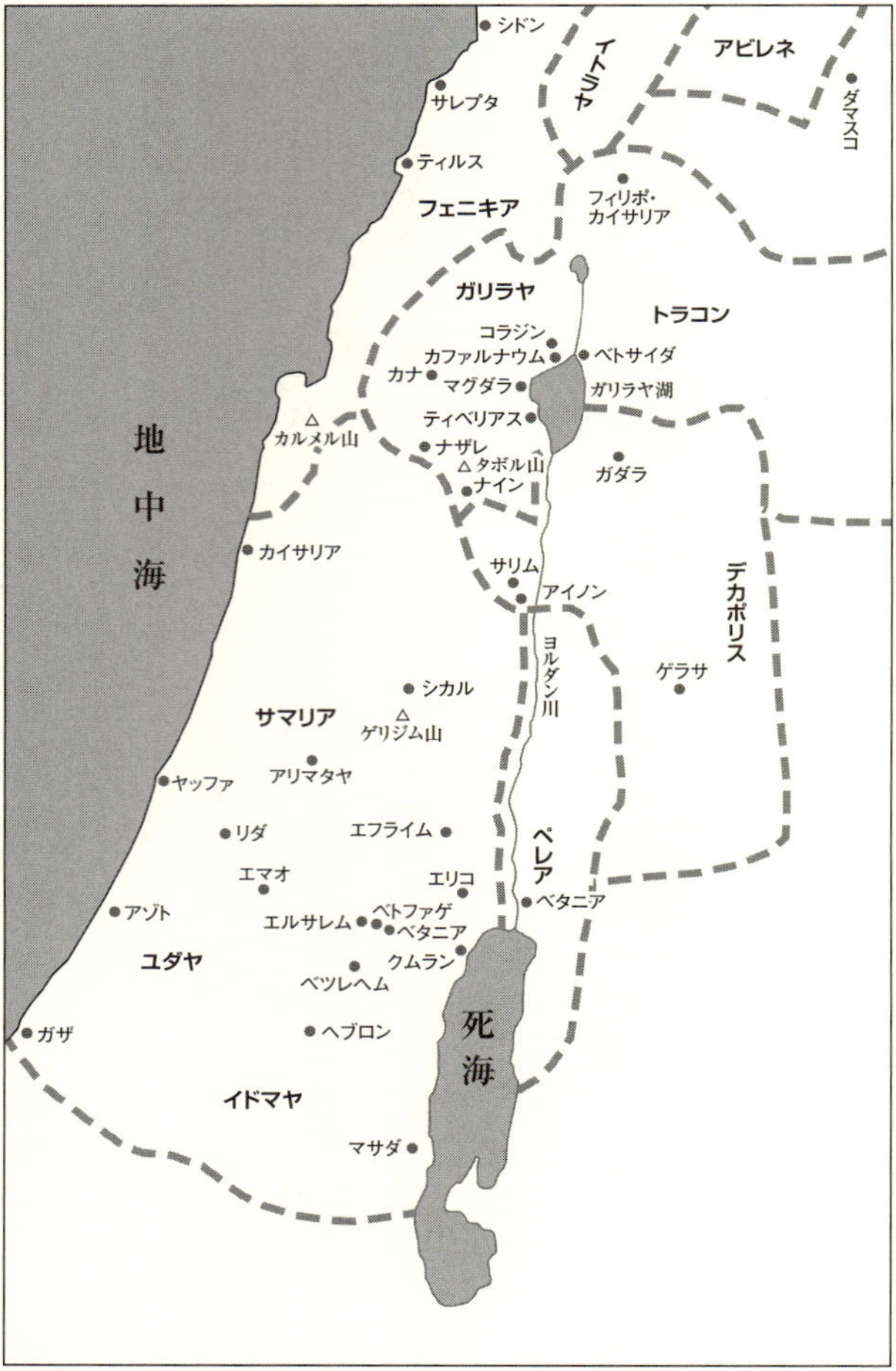


新約時代のパレスチナ
『聖書　旧約続編つき　新共同訳』（日本聖書協会）をもとに作成

# 第四章　無抵抗の強さ

## イエスの前にあった最大の問題とは何か

イエスの登場の前に弟子たちについて前章で語ったのは、イエスが直面していた問題を整理するためです。本章では、イエスの教えについてお話ししていきますが、その前に、まずはイエスが置かれていた状況をみてみましょう。

イエスはユダヤ人です。ユダヤ人の伝統を重視し、ユダヤ人の世界観の中で、問題について考えようとしています。

釈迦の場合と比べてみましょう。釈迦もインドの世界観、すなわちバラモン教の神々や輪廻転生というものを前提として、存在論や認識論を展開しました。しかしインドは広く、多様な民族がいました。釈迦自身、少数民族のシャーキャー族でしたから、正統なアーリア民族の王侯貴族とは距離をとっていました。釈迦が心にかけたのは、大国の周辺にあって支配を受けている少数民族の小国でした。

大国の支配を受けている小国。

それはイエスの前にあった問題ともつながっています。ローマに支配されているという現実。問題はそこに集約されます。ただユダヤ民族の場合は、過去にダビデが築いたユダヤ王国という栄光があります。それがユダヤ民族を特異な状況に追い込んでいきました。プライドが高く、支配されることを認めない、強固な民族意識といったものが、イエスの前に立ちはだかっていたのです。

ローマ帝国は、イタリア半島の現在のローマの地に生まれた小国が起源です。イタリア半島というのは広大な帝国を築いたマケドニアのアレクサンドロス大王も興味を示さなかった地域でした。

マケドニアが大王の死によって分裂したあと、イタリア半島を統一したローマが余勢を駆って一気に地中海の対岸に進出します。現在のチュニジアのあたりにあったカルタゴとの激烈な戦争に勝利したローマは、やがてヨーロッパのライン川の西からアフリカ北部までの広大な地域を支配することになります。ローマ帝国にとっては、ユダヤは小国にすぎません。

しかしユダヤ人にとっては、ローマに支配されることは民族のプライドが許さない耐えがたい屈辱だったのです。

そのような状況の中に、イエスという人物を置いてみましょう。次に考えなければならないのはイエス誕生の場面です。受胎告知の話はただの伝説だと思ってください。キリスト教徒でない人でも、イエス誕生の場面はよくご存じでしょう。場所はエルサレムの郊外のベツレヘムです。若き日に「ナザレのイエス」と呼ばれたイエスが、なぜベツレヘムで生まれたのか。そのことはすでにお話ししました。ベツレヘムはダビデ王の出身地なのです。預言者たちも、新たなメシアはベツレヘムに生まれると預言しています。イエスはベツレヘムに生まれる必要があったのです。

ヘロデ大王が占い師によって新たな王《メシア》の誕生を告げられ、その年に生まれた赤ん坊を皆殺しにしたといった話は、モーセが生まれた時にエジプト王がとった行為を踏まえたものです。イエスの両親がヘロデ大王の殺戮《さつりく》から逃れるためにエジプトに避難したというのも、モーセの物語とイエスとを結びつけようとする福音書作者の意図によって演出されたものでしょう。

このあたりの記述は、フィクションだと思ってまちがいはありません。

ただイエスの父のヨセフが、戸籍登録のために出身地のベツレヘムに赴いたというくだりがあるのですが、そのことは歴史的事実と一致します。

皇帝ユリウスの時代に、ユリウス暦《れき》という新しい暦《こよみ》が作られ、それをローマ帝国の全域に広げようとする政策がありました。暦を改めるのと同時に、植民地の人民の戸籍を作ろうとしたことも史実といっていいのです。

西暦というのも、キリスト教徒はイエスの誕生を記念して紀元元年としていますが、ユリウス暦を普及するために、年号の数え方もそのころに一新されたということにすぎません。この改革を利用して、福音書の作者たちは、ヨセフが戸籍登録のためにベツレヘムに赴いたという話を創作したのです。

わたしの見るところ、イエスはガリラヤ州の湖岸ではなく、西寄りの山岳地帯にあるナザレの出身で、ベツレヘムなどには行ったこともなかったというのが真実でしょう。

イエスが現在のクリスマスに生まれたといったことは、福音書にも書かれていません。イエスが生まれると羊飼いたちが来て祝福したということが書かれていますが、パレスチナは日本と同じくらいの緯度ですから、十二月の寒い夜に羊飼いが野外で活動しているなどといったことはありえないでしょう。これはダビデが羊飼いの少年であり、またイサクが小羊の代わりに犠牲にされそうになった故事から創作されたエピソードだと思われます。

わたしは伝説を否定するわけではありませんが、福音書の作者たちの意図を考えていけば、彼らの創作の狙いというものがわかります。その部分は創作だと割り切って、真実のイエスの姿を探る必要があると思っています。

伝説をすべて剝《は》ぎ取ってみましょう。

## イエス誕生前夜と日本の戦後との類似

イエスは人間としてこの世に生まれました。ヨセフという義理の父は存在しません。母マリアがいただけです。ヨセフがアブラハムやダビデの子孫だというのも、創作された物語だといっていいでしょう。

私生児としてイエスは生まれ、青年のころは荒れ野で修行していた。これがイエスの真実の姿だとわたしは考えます。

皆さんもそのような青年になったつもりで、当時のユダヤの状況を見回してください。

父親がいない。私生児を産んだ母親も、周囲の地域社会からは孤立していたはずです。そういう環境下の若者が、周囲を見回した時に何が見えてくるのか。

ユダヤはローマの経済圏の中で、ある程度の発展を遂げていました。経済が急速に成長したことは、ヘロデ大王が一代でエルサレムの神殿と城壁都市を再建したことでも明らかです。神殿では、サドカイ派の祭司たちが儀式を行い、ユダヤ人たちの昔ながらの信仰が続いていました。

しかし、それはローマに隷属することによって実現した信仰であり、生活です。外国の軍隊に支配されている現実は、とくに若者たちにとっては認めがたい事態でした。

個人的な話になりますが、わたしが生まれた終戦直後の日本はアメリカ軍に占領されていましたから、日本の若者たちにとっても屈辱的な状態でした。

敗戦から六年ほど経過してから日本は講和条約の締結によってようやく独立を許されたのですが、米軍はそのまま駐屯を続けました。それから十年近く経過してから、改めて日米安全保障条約が締結されることになりました。条約を認めてしまえば、日本は永遠に米国の属国になってしまうのではないか。危機感を覚えた当時の大学生たちが、大きな反乱を起こしました。

一九六〇年の安保闘争です。彼らは戦争中、幼児であったり小学校の低学年だった人たちです。子どものころに、米国は敵だと教え込まれていたので、自分の国がその敵の属国になるということが許せなかったのでしょう。

当時の日本人は、自分の国に、プライドをもっていたのです。

だからこそ若者たちは命がけの反乱を起こそうとしたのです。国会前のデモの混乱の中で、一人の死者が出ました。

わたしは当時、小学校の六年生でしたが、テレビのニュースを眺めながら、これからの日本はどうなるのだろうと心配でした。テレビを見て、同じように感じた同世代の人は多かったのではないでしょうか。その十年後、その世代の人々が大学生になった時、再び大きな反乱が起こりました。

若者というものは、闘いを好むものです。自分がこの世に生きていることの意味を求めて、何かに命をかけたいと思いがちです。命の捨て場を探しているといってもいいでしょう。それが青春というものです。

さて、イエスに話を戻しましょう。

## 真実のイエスの姿

おそらくイエスも、若さをもてあますような気分で、自分の生きる意味を求め、荒れ野に赴いたのです。

そこでは修行者たちが、禁欲的な生活をしながら、律法や預言書を研究していました。ヘブライ語もギリシャ語もできないイエスですが、修行者たちと語り合ううちに、『旧約聖書』についての知識を深めていきます。

荒れ野のエッセネ派の人々は民族主義者でした。エルサレムに多くいるパリサイ派の律法学者がガリラヤに来ることもあったはずです。彼らも純粋な民族主義者でした。またガリラヤでは熱心党が何度も反乱を起こし、その度に鎮圧されていました。ゲリラの残党のような人々がガリラヤの村々を回って、若者たちを煽動《せんどう》し、ゲリラ軍に加わるように駆り立てるということもあったでしょう。

しかしイエスという若者は、ローマに対して反乱を起こすといった発想からは遠ざかっていきました。

弱さを認めて敵に屈服するということではありません。敵や味方といった概念を超越した、より広い「人類愛」をイエスは求めていたのです。ローマに隷属するのではなく、むしろユダヤを支配するローマを許し、ローマ人のために祈る。そういう強いプライドから生じた逆転の発想がイエスを支えていたのではないかと思われます。

自分が神の子であるという考えも、プライドの支えとなっていたのでしょう。イエスの考えは、『旧約聖書』の預言者たちが語ったメシア（キリスト）伝説から生まれたものです。とくにイザヤが語った、虐げられ滅ぼされる英雄の物語が、イエスに勇気を与えたのでしょう。

犠牲の小羊になろうとしたイサクと同じように、自分が新たな犠牲の小羊になって、神と新たな契約を結ぶ。

何とも独創的なアイデアが、彼の胸の奥に宿ったのです。

## 革命的だった「アガペーの愛」

ここで改めて、犠牲の小羊という発想について考えてみましょう。

アブラハムはイサクを犠牲の小羊として献げることで、神との最初の契約を結びました。自分にとって最も大切なわが子を犠牲にすることで、神に対する信仰を示し、その結果として、モーセの十戒があり、ダビデによるユダヤ王国の繁栄があったのです。

これらを旧い契約だとすると、新しい契約とは何でしょうか。

二つの契約を比較してみると、犠牲の小羊の代わりをつとめたイサクに対して、イザヤの預言では、メシアと呼ばれる英雄が虐げられ滅ぼされることになります。

自分がメシアになる。これがイエスの出発点です。

旧い契約では、契約の主体となったのはアブラハムで、契約の相手は神です。犠牲の小羊の父親こそが契約の主体なのです。

では新しい契約の主体は誰なのでしょうか。

「旧約」との比較でいえば、新しい契約の主体は神そのものです。アブラハムがわが子イサクを小羊の代わりとして犠牲に献げる覚悟を固めたように、新しい契約で神がわが子を小羊として献げることになるのです。そして自分こそがその神の子なのだとイエスは考えたのです。

何とも大胆な発想ですが、これこそがイエスの思想の核心です。天啓を受けたと言った方がいいかもしれません。自分は神の子であり、その神の子を犠牲にして、神が主体となって新たな契約を結ぶのです。

「旧約」でわが子イサクを犠牲にしようとしたアブラハムは何を求めていたのでしょうか。神を信じ、神にすべてをゆだねるという信仰心を、神の前に示したかったのでしょう。

では「新約」において主体となる神は、わが子イエスを小羊として献げることで、何を示そうとしたのでしょうか。

「新約」の主体は神で、契約の相手は人間です。この場合はユダヤ人に限定されるものではなく、ローマ人を含めた人類全体と解釈すべきでしょう。支配している側のローマ人に対して、イエスは自分の身を犠牲にして、敵のために祈ったのです。自分が犠牲になることでおまえたちの罪を許してやるのだという、傲慢《ごうまん》ともいえる大胆な発想を、イエスは全人類に向かって投げかけたのです。

それは神の子としてのイエスの願いであったわけですが、神の側はこの契約によって何を示そうとしたのか。

アガペーの愛。

これに尽きるでしょう。

冒頭でもお話ししたように、自分の欲望を満足させ、自分だけが幸福になるといった願望を、エロスの愛と呼び、アガペーの愛とは区別します。

アガペーは無償の愛です。自分の欲望を満足させる願望ではないのです。自分を捨ててひたすら利他的な願いに徹する。

仏教でも、渇愛と友愛の違いがあることをお話ししました（八六～八七ページ参照）。「慈」というものがキーワードになります。同様に、キリスト教の基本原理となっているのが、アガペーという概念です。

神は無償の愛をもって、人類を救おうとなされている。

そして、その愛のために、わが子（イエス）を犠牲にして、人類全体と新たな契約を結ぼうとしているのです。

アガペーの愛というのは、もしかしたら神だけがもつことを許された愛かもしれません。

仏教でも、仏陀は最初から慈というものを胸に抱いています。慈というのは利己的な渇愛の対極にある利他的な愛です。すべての人を救おうとする思いやりの心です。苦しんでいる人々の痛みをわがことのように感じる「悲」という概念とセットにして、「慈悲」と呼ばれます。

仏陀になることを求めて努力する菩薩たちも、慈悲というものを推進力にして努力を続けるのです。自分だけが仏陀になって輪廻転生から逃れたいなどという利己的な願望ではなく、菩薩たちは人類を救済するために努力を続けているのです。

ですから、菩薩だけでなく、教団の僧侶も、その周囲にいる信徒たちも、慈悲というものを心に抱いて努力すべきなのです。

アガペーというのは神の愛ですが、同じような愛を、人間ももつことができるのではないか。

これがイエスの提案です。わたしもその提案の可能性を信じたいと思います。人間がもことのできるアガペーの愛。それが隣人愛と呼ばれるものです。兄弟愛といってもいいし、人類愛といってもいいでしょう。利己的なものをすべて抹消して、ひたすら他人のために生きる。これが隣人愛です。

神の子として生きるというのは、神の愛をもって生きるということです。そして、そのことを多くの人々に伝え、神が新たな契約によって、人類を救おうとされていることを、世のすべての人々に伝える……。

これこそが自分の使命なのだと、若きイエスは考えたのです。

そして、伝道者としてのイエスの旅が始まります。

## 伝道者としての旅立ち

イエスが最初に現れるのは、ガリラヤ湖の南のヨルダン川で洗礼の儀式を行っているバプテスマのヨハネの前です。ヨハネの人気は高く大勢の人々が洗礼を受けるために列に並んでいます。するとヨハネはイエスの姿を見て、ただものではないと感知し、人々に向かって、こんなことを言います。

「見よ、世の罪を取り除く神の小羊。『わたしのあとから一人の人が来られる。その方はわたしにまさる。わたしより先におられたからである』とわたしが言ったのは、この方のことである」

ヨハネは、自分は一種の預言者であって、ダビデの頭に香油をかけて王であることを認めた預言者のように、真実のメシアが現れたことを伝えるためにここに来たのだと言っているのですね。そして、イエスの頭に水をかけて浄めの儀式をするのですが、「わたしはあなたの靴ひもを解く値打ちもない」などと謙虚というよりも卑屈と感じさせるようなことを言います。

もちろんこれは福音書作者たちのフィクションでしょう。しかしヨハネの弟子の何人かはイエスの弟子になっていますので、イエスがヨハネの教団の近いところにいたことはまちがいありません。

ヨハネの弟子がなぜイエスの弟子になったのかを示す一例が福音書の中に記述されています。

のちにイエスの一番弟子になるペテロがガリラヤ湖に網を入れる場面です。ペテロは漁師ですが、網元のゼベダイがバプテスマのヨハネの支援者だったようで、子息のヤコブとヨハネを始め、配下の漁師たちも、バプテスマのヨハネの弟子になっていたようです。

湖に網を入れても魚がまったく獲《と》れなかったので、ペテロが諦めて帰ろうとしているとイエスが現れます。そしてもう一度、網を入れよと命じます。ペテロがいぶかりながら網を入れると、網の中には魚がはちきれそうなほど入ってきます。

イエスは魚を獲る名人だった、という話ではありません。

魚というのは、教徒の譬喩《ひゆ》です。

ヨハネの弟子だったペテロが民衆に語りかけても、誰も教徒にならなかったのに、イエスの弟子になって語りかけると、多くの教徒が従った、というようなことだったのでしょう。

なぜそんなことが起こったかというと、イエスは言葉を大切にしていました。ただカリスマとして君臨するだけではなく、言葉によって弟子たちを納得させていたのでしょう。言葉ならば、伝えることができます。そこでペテロがイエスから聞いた言葉を述べると、多くの人々がついてきたということではないでしょうか。

実際にイエスが亡くなったあと、弟子たちはイエスの言葉を伝え、教団を拡大していくことになります。

最後の晩餐のおり、イエスは弟子たちに赤ワインを飲ませ、「これはわたしの血である」と語ります。種なしパンを分けて、「これはわたしの肉体である」ということも言います。何のことかわかりませんが、これも譬喩です。イエスの血である赤ワインとはイエスの言葉です。肉体であるパンとは教団です。

ですから、いまでもカトリックのミサでは、神父は赤ワインを飲みながら説教をします。また教徒たちにパンのかけらのようなものを配布して食べさせるのです。

## 「心の貧しき者」とは誰か

イエスの言葉は人の胸を打ちます。しかし謎めいていることも事実です。先に紹介した魚や血の譬喩は、説明を受けなければよくわかりません。

次の言葉も、謎めいています。

「心の貧しき者は幸いである。天国は彼らのものである」

これは「マタイによる福音書」に書かれている山上の垂訓の一節です。

心の貧しき者とはいったい何でしょうか。

同じ山上の垂訓を書きとめているルカは、ギリシャ人の医者ではないかと考えられています。文体の分析によって「使徒行伝」もルカの文章だとされていますので、イエスが活動した時期に教団にいたのではなく、その後の使徒たちの活動の時期に教団に入った人物でしょう。

つまりルカは現場にいたわけではなく、伝聞で山上の垂訓を書きとめたのです。彼はギリシャ人なので、合理主義的にイエスの言葉を解釈しています。ですからマタイが「心の貧しき者」と記述した部分を、理解できなかったのです。そこで彼は、合理的に解釈して、こんなふうに記述しました。

「貧しき者は幸いである……」

「心の貧しき者」をただの「貧しき者」に書き換えてしまったのです。確かにこれだと、わかりやすくなります。イエスは別のところで、「金持ちが天国に行くのはラクダが針穴を通るより難しい」と言っていますから、資産家に対しては批判的です。貧しい者たちに希望を与えるために、天国に行けると励ましたのだと見ることができます。

エッセネ派の文書にも、山上の垂訓によく似た文章がありますが、そこにはもっと明解な記述があります。

「義のために貧しい者は幸いである」

これはまさにエッセネ派らしい表現です。彼らは民族主義者です。ローマ支配を認め、ローマ経済圏の中で資産を増やしている貴族地主、商人、さらにローマに迎合することで生き長らえている神殿のサドカイ派祭司たちに対し、エッセネ派の人々は荒れ野や洞窟に逃れ、貧しく質素な生活をしていました。

つまり「義のために貧しい者」とは、自分たちエッセネ派のことなのです。

イエスは実際にはどのような言い方をしたのでしょうか。わたしは使徒でもあり、ユダヤの伝統にこだわったマタイの記述が正しいと推測します。

「心の貧しき者」とはどういう意味なのか。反対を考えればわかりやすくなります。イエスは主に、イエスを批判するパリサイ派を相手に論争を挑んでいました。しかしかつては荒れ野でエッセネ派の人々と論争していたと思われます。イエスはここで、熱心党も含めた、すべての民族主義者たちを批判しているのです。

すなわち「心の貧しくない者」というのは、自分たちが正義の人だと思い込んでいる民族主義者のことです。

正義の人々は、あえて禁欲的な生活を送っている人が多いのですが、たとえ衣食住が足りていても、不満はなくなりません。ローマに支配されているという現実を容認することができないからです。そのためつねに怒りを胸に抱き、いらいらしながら生きています。結局のところ、過激な闘争にのめりこんだり、他人を批判してばかりいるということになってしまいます。

では「心の貧しき者」とはどのような人でしょうか。

この言葉を書きとめたのがマタイだけだということでもわかるとおり、「心が貧しい」というのは、「罪の意識をもっている人」や「自分の生き方にうしろめたさを感じている人」ということになるでしょうか。まさに収税人をしていたマタイや、罪の女とされていたマグダラのマリアこそは、「心の貧しき者」だということになります。

## ペテロが「サタン」と呼ばれた理由

罪の意識。これこそは、キリスト教の基本原理だと言っていいものですが、その罪の意識を最も強く感じていたのは、一番弟子のペテロでした。

ペテロは十二使徒のリストではいつも筆頭に掲げられています。イエスの弟子の中には、網元ゼベダイの子息のヤコブとヨハネ、エッセネ派の修行者で見識の高いピリポ、さらに熱心党の関係者でイエスの教団でも会計責任者をつとめていたユダなど、有力な弟子は他にもいたはずなのですが、それでも漁師のペテロがイエスの側近となっていたのは、言ってみれば、いつも身近にいて、使い走りのできる弟子が必要だったからでしょう。

イエスがとくにペテロに目をかけたのは、その愚直さにあったと思われます。イエスは譬喩を用いて語ることが多かったので、言葉が謎めいて感じられることがありました。そういう時、ペテロは率先して、イエスに質問しました。その率直さによって、周囲の弟子たちは、イエスの解説を聞くことができました。

イエスはペテロの愚直さを評価し、おまえは将来の教団の礎《いしずえ》になると褒めました。ペテロは元の名をシモンというのですが、「おまえは岩だ。その上に教会が建つ」とイエスに言われて、岩（ギリシャ語でペテロ）というアダ名で呼ばれるようになったのです。

しかし、イエスの側近として活動していたペテロでも、自らが犠牲の羊となるというイエスの理念は理解できなかったようです。そこでイエスに、「退け、サタン」という最大級の罵倒の言葉を浴びせられることになったのですが、イエス逮捕の直前の最後の晩餐の席でも、ペテロはまだイエスの真意をはかりかねていました。

イエスは今夜自分が逮捕され、弟子たちはちりぢりになるだろうと預言します。イエスが十字架にかからなければ、犠牲の小羊となって、神と人間とが新たな契約を結ぶというイエスの理念が実現できないからです。しかしイエスの意図を理解できなかったペテロは、自分はどんなことがあってもイエスのそばを離れないと誓います。

するとイエスは、「よくあなたに言っておく。今夜、鶏が鳴く前に、あなたは三度わたしを知らないと言うだろう」と預言します。ペテロは「たといあなたと一緒に死なねばならなくなっても、あなたを知らないなどとは、決して申しません」と誓うのですが、実際にイエスが逮捕され、大祭司カヤパの館でユダヤ人たちに集団リンチのような状態で責められているのを見ると、怖くなってその場から逃げ出します。

群衆の中に、イエスとともに活動していたペテロを見知っている者がいて、こいつはイエスの側近だと声を上げるのですが、ペテロは「知らない」と三度にわたってイエスを否認します。するとその直後に鶏が鳴きます。

ペテロは罪の意識にさいなまれます。夜が明けると、イエスは十字架にかけられます。その時になって初めて、犠牲の小羊になってすべての人の罪を浄めるという、イエスの言葉の意味をペテロは理解します。自分こそ最も罪深い人間だと思い、イエスは自分のために十字架にかかったのだとペテロは感じます。

ペテロの罪の意識と、十字架の意味（犠牲の小羊によってすべての罪が浄められる）の解釈を基礎として、キリスト教（カトリック）は成立しているのですし、実際にカトリックの本拠であるバチカンおよびサン・ピエトロ大聖堂は、ペテロの墓の上に建てられているのです。

イエスの思想の根幹にあるのは、神の子である自らが犠牲の小羊となって神と人間とが新たな契約を結ぶということです。契約とは、ユダヤ人だけでなく、すべての人間の罪の汚《けが》れを浄めるというものです。

ユダヤ教の神はユダヤ人だけの守り神ですが、これを新たな契約によって、全人類をアガペーの愛によって包み込む神という概念に広げたところに、イエスの大胆な発想があります。

釈迦の場合は、自らが少数民族の出身でしたから、必然的に、すべての人間を対象にすることになったのですが、ユダヤ（辺境のガリラヤ州ではありますが）に生まれユダヤで育ったイエスが、全人類に目を向けるというのは、画期的な発想です。

イエスの目の前にあったのは、民族主義に凝り固まったユダヤ人の姿でした。

強国ローマの支配を受けている現実の中で、民族主義を推し進めれば、自滅の道しかありません。実際にイエスの死後、ユダヤの民族主義は頂点に達し、ローマに対して無謀な反乱を起こしました。

エルサレムの神殿が瓦礫と化し、マサダの砦で最後まで闘ったユダヤ人は全滅することになったのです。そしてユダヤ人は永遠に故郷を失うことになってしまいました。ユダヤ人の富豪のいる米英の支援でイスラエルという国ができたのは、第二次世界大戦の後のことです。

民族主義にとらわれないイエスの姿勢は、たとえば次のような場面で見てとることができます。

イエスのところにパリサイ派と、ヘロデ大王を支持する人々が押しかけます。

ヘロデ大王の死後、ローマはユダヤ州をローマから派遣された総督（ピラトという名でした）の直轄地としていました。イエスが活動したガリラヤ州ではヘロデ大王の子息のヘロデ・アンティパスが地区の責任者として管理を任されていたのですが、エルサレムが直轄地とされたために、ローマの支配が強化されるのではないかという危機感が広がっていました。

それでもサンヘドリンと呼ばれる最高法院による自治は認められていて、ローマ相手の商業は盛んでしたから、ヘロデ党と呼ばれる大王の支持者が保守的な穏健派として、ローマを支持する姿勢を見せていました。

パリサイ派とヘロデ党は、イエスに難問をつきつけます。

「ローマに対して税金を払うべきか」

ユダヤはローマの植民地でしたから、サドカイ派に払う神殿税とは別に、ローマに対してユダヤ人は税金を払う必要がありました。これは一種の人頭税でしたので、貧しい人々も一定の金額を払わなければなりません。金持ちはこれとは別に、収税人だったマタイが税を取り立てていたように、物資の輸送に関する通行税を払う必要がありました。

金持ちにとっても貧しい人にとっても、ローマに対する納税は負担であり、民族主義者のユダヤ人にとっては屈辱でもあったのです。

この問いが難問であるというのは、もしイエスが税金を払えと言えば、民族主義者たちがイエスから離れていきますし、もし払うなと言えば、ローマに対する反抗をそそのかしたことになります。いずれにしても、イエスは窮地に陥ることになります。

では、イエスはどのように答えたでしょうか。

問いかけた人は、銀貨を手にして、このお金をローマに払うべきかと尋ねたので、イエスはその人に、銀貨をよくご覧なさい、と語りかけます。一デナリの銀貨には、ローマ皇帝ティベリウスの肖像が描かれています。つまりそれはローマのお金です。

「皇帝のものは皇帝に」

これがイエスの答えです。ローマの経済圏で、ローマの貨幣を用いて稼いだお金なら、ローマに返せばいいではないかというわけです。ローマを嫌悪しているパリサイ派は、イエスの言葉を批判できません。税金を払うなと言ったわけではないので、ヘロデ党も批判できません。

偏狭な民族主義を超えて、ローマの経済圏の中で生きているという現実を認めなさい、ローマを隣人として認めなさい、というのが、イエスの回答です。ここには、現実を明らかにして見きわめるという、釈迦の言う「諦《たい》」と同様の考え方があります。

## 黄金の言葉……汝《なんじ》の敵を愛せ

このように、具体的な局面で、ローマに税金を払いなさいと述べたり、ユダヤ人たちが異国人と考えているサマリア人が、災難にあった旅人を助ける話をして、ユダヤ人たちの民族主義を批判する場面もあるのですが、もっとストレートに、民族主義を糺弾する場面も数多くあります。

最もよく知られているのは、「もし誰かがあなたの右の頬を打つなら、ほかの頬をも向けてやりなさい。あなたを訴えて、下着を取ろうとする者には、上着をも与えなさい。誰かがあなたを強いて一マイル行かせようとするなら、その人と共に二マイル行きなさい」というくだりです。

これは明らかに、ローマに支配されている現実を踏まえた発言です。ローマ人に打たれたら、反撃するのではなく、打たれ続けなさいとイエスは語ります。略奪されるなら、そのままに略奪を受け容れなさい。何かを強制されたら進んで従いなさい……。

そしてその直後、イエスはまさに黄金のような言葉を発します。

「敵を愛し、迫害する者のために祈りなさい」

日本語の文語訳聖書では「汝の敵を愛せ」というくだりですが、これは単なる博愛の精神を説いた言葉ではありません。

ローマに支配され、時には略奪され、何かを強制されるようなことがあっても、すべてを受け容れ、ローマ人を愛し、ローマ人のために祈りなさいということなのです。

隣人を愛しなさい、という言い方は、ユダヤ教のモラルではあるのですが、この場合の隣人というのは、隣の人というくらいの意味ですから、ユダヤ人の隣の人はユダヤ人です。イエスは隣人愛という言葉を、異国人にも広げ、さらに敵国の人間にも広げました。世界中の人が隣人であり、隣人愛は人類愛と同義語なのです。

ここにはイエスの心意気が示されています。ローマという強大な敵に対して、その敵のために祈ってやればいいのだとイエスは主張します。イエスのような本物のプライドをもっている人間にしか言えない言葉でしょう。しかもイエスは、自分は貧しく弱い者のためだけではなく、敵であるローマ人のために犠牲になる覚悟を固めているのです。

それにしても、「汝の敵を愛せ」という言葉は、何と深く、鋭く、美しい概念なのでしょうか。

## イエスの死後

残念ながら、この言葉は、イエスが教えを説いたユダヤの民衆には伝わりませんでした。

しかしイエスが犠牲の小羊として十字架にかかる姿を目撃した使徒たちは、イエスの死後、結集して、教えを広めるために各地で伝道を始めました。

一番弟子のペテロはローマ人に教えを説くために、ローマ帝国の首都ローマに向かい、そこでネロ帝（三七〜六八）の迫害により殉教したのです。すでにご紹介したように、そのペテロの墓の上に、カトリックの総本山の教会が建つことになります。

使徒たちの伝道は、当初は怪しい宗教として、激しく弾圧されました。弾圧する側に回っていた、ローマ市民権をもつユダヤ系の人物がいました。初めはサウロという名前でしたが、天啓を受けて、キリスト教の擁護者の側に回り、やがてキリストの教えと事蹟について、自ら論文を書くようになります。

名前もパウロと改めました。イエスが犠牲の小羊として、何を目指していたのかということを、理論としてまとめあげたのがこのパウロで、ペテロと並んで、初期キリスト教の二大聖人とされています。『新約聖書』の後半に収録されている、手紙という形式で書かれた論文の大半は、パウロが書いたものです。

初めは弾圧されていたキリスト教ですが、隣人愛の教えが平和につながることを理解したローマ皇帝コンスタンティヌス一世（二七二〜三三七）によって公認され、さらに皇帝テオドシウス一世（三四七～三九五）によって、キリスト教はローマの国教と定められます。

その後、ローマ帝国は東西に分離するのですが、西ローマ帝国があった地域ではグレゴリウス一世（五四〇?～六〇四）が自らをローマ教皇と称し、国家と宗教が一体となって、キリスト教はローマだけでなくヨーロッパ全体に広がっていきます。

やがてヨーロッパの各地にさまざまな国家が建設されても、各国にキリスト教（カトリック）の枢機卿《すうききょう》が置かれ、バチカンのローマ教皇の指示に従うことによって、さまざまな紛争を乗り越えて、ヨーロッパは一つの宗教圏として長く平和な時代を維持することになるのです。

一方、小さな帝国となっていった東ローマ帝国のビザンチンでは、キリスト教の伝統を守り続けます。カトリックはラテン語に翻訳された聖書を用いるようになりましたが、ビザンチンでは原典のギリシャ語聖典を守り、ギリシャ正教と呼ばれるようになります。

やがてビザンチンはトルコの侵略を受けて滅ぼされることになりますが、正教は東欧諸国やロシアにまで広がり、こちらも強固な宗教圏を形成することになります。

ヨーロッパの発展は、宗教と無関係ではありません。キリスト教の愛と平和の教えがあったからこそ、ヨーロッパの全体が長く友好関係を維持し、経済的にも大きな発展を遂げることができたのです。

# 第五章　釈迦とイエスが説く「これからの生き方」

諦《たい》という生き方、民族を超えた隣人愛

釈迦とイエスの活動とその教えについて語ってきました。この本の短いスペースでは、ごく一部を語ることしかできなかったのですが、それでも釈迦とイエスが登場した時代の社会的な背景と、その中で二人の教祖が、どのような思想を伝えたかという概略はお伝えできたと思います。

ただし、この本の目的は、仏教やキリスト教の解説ではなく、そこから現代人のための、生き方の指針を見いだすことです。これまでお話ししてきたことで、わたしの意図はすでに読者に伝わっていると確信しますが、改めてポイントを指摘しておきましょう。

八十歳になった釈迦が命をかけてガンジス河流域の小国を回ったことや、イエスが犠牲の小羊になる覚悟で民族主義を批判し続けたこと。これは釈迦とイエスの直接の言葉の中から抜き出した、彼らの思想の核心です。

確かにキリスト教徒の多いヨーロッパの国家間で、紛争や戦争がなかったわけではありません。しかし紛争や戦争には必ず終わりがあります。民族を超えた隣人愛という思想が、紛争解決のための相互理解への道筋をもたらすのだとわたしは考えます。

また、アフリカからアメリカに送られた奴隷の多くがキリスト教徒になったということの意味も、記憶にとどめておく必要があります。時として宗教は、人民の支配に利用されることがあるのです。それでいいのだと、わたしは考えます。支配する側にも、支配される側にも、平和を求める気持ちがあれば、紛争はやがて解決されるのです。

釈迦は滅ぼされた小国の出身です。イエスはローマに支配されたユダヤ人でした。そうした状況の中で、彼らの教えは支配され虐げられている側の人々の心を癒しただけでなく、やがては支配する側の権力者をも巻き込んでいくことになりました。

反乱を起こすだけでは、問題は解決されません。世界の各地でゲリラ闘争などを試みている若者たちの中には、原理主義と呼ばれる極端に単純化した思想に洗脳されて、より過激な闘争にのめり込んでいく人も少なくないようです。

これは歪《ゆが》められた宗教です。釈迦もイエスも、闘いのために命を捨てよ、などということは一言も言っていません。

釈迦やイエスが説き続けたのは、真理を明らかにして、敵対する者と和解し、平和を維持しなければならないということでした。人と人とがぶつかり合い、国や民族が時として対立することはあるでしょうが、知恵をしぼり、必要ならば自分を抑え、敵のために祈るという気持ちで対処すれば、平和を維持することは可能なはずです。

諦という生き方、民族を超えた隣人愛……。そこにこそ彼らの宗教の原点があるのです。そこでこの章では、釈迦とイエスの原点に帰って、現代社会をどのように生きていくべきか、わたしなりの考え方を示しておきたいと思います。

## イエスと共通する法然《ほうねん》、親鸞《しんらん》の教え

現代人が直面している大きな問題とは何でしょうか。

まずは個人的な問題です。現代社会では地域のコミュニティーといったものが失われがちです。とくに大都市では、多くの人々が個として生きるしかなくなっています。

一人一人の人間が必ずかかえている問題としては、釈迦が最初に考察した、「病老死」というものがあります。

これについては、愛児を失った女、キサーゴータミーの話を思い起こしてください（九三ページ参照)。死は避けられない人の宿命なのです。病むことも、老いることも宿命です。誰も逃れることはできないのです。

自分だけが不幸だと思うと、耐えきれなくなります。逃れられないものについては、思い悩んでも仕方がないのです。仕方がないのだと思いを定めて、気持ちを落ち着ける。それが「諦」です。

真理を見きわめることで、静かな境地に到達すれば、輪廻や地獄という恐怖からは解放されます。

イエスの場合は天国というものを想定しています。死んだ人間は冥界《めいかい》をさまようことになりますが、最後の審判の時に多くの人々は救われ天国に昇ります。

罪の汚れを負った者は、地獄に堕ちるというのが基本的な見解なのですが、罪を負った者も、あらかじめイエスが十字架にかかることによって、神と人との間に新しい契約が成立しているので、懺悔《ざんげ》をしてひたすら祈れば、罪の汚れを浄めることができます。

カトリックの信者が毎週、教会に赴いて懺悔をするのはこのためです。

ペテロが十字架にかかったイエスを目撃して自分の罪の重さを感じると同時に、イエスが自ら望んで十字架にかかった意味を悟ったように、信仰心は罪の意識から生じるのです。より大きな罪を負った者にこそ、より大きな癒しが必要です。カトリックの信徒は懺悔をすることで、信仰心を強めていくのです。

日本にはさまざまな仏教の宗派があります。真言宗などの密教では真言あるいは陀羅尼と呼ばれる呪文を唱えて無心の境地に到達しようとします。『般若心経』という短い経典は呪文の大切さをコンパクトに説いたものですが、この経典そのものが一種の呪文として多くの人々の心の支えになっているように思います。

無心になるというのが仏教の基本です。禅宗の寺でやっているように、座禅を組んでもいいのですし、日蓮宗のように『法華経』(『妙法蓮華経』)のタイトルをひたすら唱えるということでもいいのです。

いくつもある宗派の中で最も信徒が多いのは、浄土系の宗派でしょう。ここでは阿弥陀仏の名を唱えることで無心になるということになっていますが、阿弥陀仏というお方は、イエスの生き方とも共通するところがあります。

浄土系の宗派のキーワードとして伝えられている言葉があります。『歎異抄《たんにしょう》』に収録されている浄土真宗の祖・親鸞（一一七三〜一二六三）の言葉です。

善人なおもて往生を遂ぐ、況《いわ》んや悪人をや。

「往生」というのは、阿弥陀仏の仏国土である西方極楽浄土に生まれ変わることです。ここは国土や建物がダイヤモンドや金銀でできていて、天からつねに花々が降り注いでいるところで、そこにいる人々にはいかなる悩みもないのですね。ですからその浄土で生活しているだけで誰もが悟りの境地に到達できるのです。

阿弥陀仏はすべての人々を救済するという願をかけて悟りに到達した仏陀ですから、死ぬ間際でもいいから阿弥陀仏にお願いすれば、救済されます。その時に、ひたすら阿弥陀仏におすがりするしかないという気持ち（他力本願といいます）が大切だということを、示しているのです。

自分は大罪を犯したという罪の意識をかかえている人は、ひたすらお願いするしかないため、無心に祈ることができます。自分は間違ったことは何一つしていないとか、りっぱな仕事をしてきたとか、要するに自分は善人だと思っている人は、他力本願という無心な気持ちにはなれません。そんな人でも阿弥陀仏はお救いくださるのだから、自分は罪人だと悩み苦しんでいる人は必ず救っていただけるということですね。

釈迦の教えから出発した仏教が日本の法然（一一三三～一二一二）や親鸞といった思想家によって深められ、結果としてはイエスの教え（それはペテロやパウロによって解釈され意味づけられたものです）とほぼ同じ立場に到達したということは、宗教というものの本質を示す好例です。

自分の弱さや過去の過ちを自覚した上でひたすら祈る。

その無心の境地こそが、釈迦やイエスが伝えようとした癒しや救いをもたらす大切な教えなのです。

無心になることができれば、穏やかに死というものを受け容れることができます。病いも老いも人が必ず経験しなければならない宿命であり、誰もが同じように苦しみ悩んでいるのだと見きわめることで、どのような苦悩も静かに受け止めることができるようになるでしょう。

## わたしたちがかかえる、さまざまな苦悩について

わたしたちの人生には、死や老いや病いの他にも、さまざまな苦悩があります。貧困というのもその一つですが、貧しさは相対的なものですから、これも貧しいのは自分一人ではないと考えることによって、ある程度は耐えることができるでしょう。

いまの日本では食べるものにも不自由するということはあまりないはずですが、逆に贅《ぜい》沢《たく》な商品や華美な生活が、宣伝広告などで目に触れますから、欲望を刺激されます。欲望に負けてローンやクレジットで商品を買い込むとだんだん苦しくなってきます。欲望にふりまわされる人生というのは、みじめでつらいものです。

質素に生きることを自分の生き方としていれば、欲望にふりまわされることはありません。極度に禁欲する必要はないのです。自分の稼ぎの範囲内で控えめに生活していれば、人生を楽しむことは十分に可能です。図書館や公民館で勉強するのもいいでしょうし、のんびりと散歩をして史跡を訪ねたり風景を眺めるのもいいでしょう。

お金をかけずに楽しむことができるのが、文化や教養というものです。贅沢をすることでしか楽しめないという人は、図書館に通って勉強をやり直せばいいのです。

しかし個人ではどうしようもない大きな時代の動きというものがあります。

勤勉に働き、とくに贅沢を望んでいるわけではないのに、収入が減っていき、未来への希望がもてない。いまのわたしたちが直面しているのは、そういう問題ではないかと思います。

経済成長が止まって、世の中が停滞し、昨日よりも明日の方が、貧しく、生きづらくなるのではないかという懸念を、多くの人がもっています。

終戦直後は、そうではありませんでした。戦災によって無一文になった人々が、それでも勤勉に働き、やがては驚異的な経済成長を果たして、現在に到っているのです。

終戦直後の状態は、いまよりもずっと貧しかったはずです。食べるものもろくになかったし、住む家もないという状態でした。それでも当時の人々は、いまよりも希望をもって生きていました。

どんなに貧しくても、時がたてばいまよりは暮らしがよくなるという期待があれば、人は希望をもって生きることができます。ゼロから出発した戦後の経済成長は、人々に希望を与えました。

いまわたしたちが希望をもてなくなっているのはなぜでしょうか。

簡単に言えば、経済のグローバル化ということが起こっているからです。規制緩和による極端な自由主義を世界的に広げることによって、資本が水のように世界中に流れていくという現象が起こっています。水は高いところから低いところに流れていきます。資本（生産設備への投資）は労働賃金の高いところから低いところに流れるのです。

労働賃金の低い地域に工場を建設して製品や物資を生産すれば、コストが削減できますので、大きな利潤が得られます。資本というものは利潤を上げるために効率を追求します。必然的に労働賃金の低い発展途上国に資金が流れていくのです。

ひところは中国の労働賃金が低いというので、日本企業の中国への工場進出が盛んでしたが、そうすると中国では労働力不足となり、賃金が上昇します。すると、またより賃金の低い国を求めて、アジアの新たな発展途上国に工場が流出していきます。国や地域に賃金格差があれば、賃金の低い方に資本が流れていくというのは、避けがたい原理だといえるでしょう。

ただ水の流れと違って、資本の流出には時間がかかります。工場を新設するためには、その周囲の産業基盤（インフラ）を整備する必要があります。鉄道や道路、港湾施設、それに電力などですね。これには大きな投資と年月がかかります。

労働者の教育水準や技術水準も、一定のレベルに到達するためには年月が必要です。高度な生産にたずさわるためには、勤勉に働くだけでなく、集中力を持続させる必要がありますし、仕事に責任感をもち、チームワークを大切にするなど、わたしたちが当たり前だと思っている能力やモラルも、実は長い歴史によってつちかわれたものです。

ですから日本国内の生産設備がすべて海外に流出するなどといったことはありえないでしょう。わたしたちは日本の労働者がもっている経験や技術に自信とプライドをもっていいのです。

努力を続けることは必要です。個々の人間が技術を習得したり教養を身につけて、労働力の質を高めなければなりません。とくにこれからは単純な生産技術ではなく、精密機械などに関わる高度な技術が要求されるでしょうし、研究開発の人材が必要となるでしょう。営業するにしても、技術的な特長を正確に魅力的に説明できるだけの知識と話術が必要になります。企業内のコミュニケーションやプレゼンテーション能力も大切です。

また人間として好感がもたれる人、信頼できる人、話をするだけでも愉《たの》しくなるような人材が求められます。

そのような個性と能力があれば、高い賃金が得られるかというと、そういうわけでもありません。諸外国もインフラの整備を進めていますし、教育の充実をはかり、技術者の養成にも力を注いでいます。労働者自身も大きな希望をもって努力を続けています。とくに語学や数学の能力の高い人材が、外国から日本に流入するということも現に起こっています。それでも日本語がちゃんと話せて、交渉や接客などもこなせる日本人労働者の需要が急速に減少するわけではないでしょう。

経済成長のピークであったバブル経済の絶頂期のような状況は、二度と起こらないでしょうし、そういうものをあてにしない経済対策や人生設計が求められます。

かつてヨーロッパ諸国は、アフリカ、アジア、南米を植民地とすることで、富を築きました。近代化の遅れていた日本も富国強兵のスローガンを掲げて、かなり遅れてアジアに進出したのですが、結果としては第二次世界大戦で大敗して、ゼロから出発することになりました。

その後の高度経済成長は、ゼロから出発したから可能であった奇蹟的な発展です。同じことがもう一度起こるとは、考えない方がいいでしょう。

これからは横這《よこば》いに近いゆるやかな成長が続き、生産設備の海外流出もじわじわと進行していきます。アジア諸国の労働賃金が上昇を続けて、ついには日本の賃金と同じレベルに到達するまで、資本の流出は続いていくと思われます。

そのことで危機感を提唱する人は、民族主義にとらわれているというべきではないでしょうか。

釈迦やイエスの言葉を思い出してください。

民族にこだわることは無意味です。隣人を愛し、時には敵のために祈る。アガペーの愛と慈悲の心をもって世界を見渡せば、人類はすべて隣人であり、兄弟であるということが見えてくるはずです。

日本企業がアジアのどこかの国に進出して、その国の人々を豊かにするのであれば、それは隣人や兄弟にとっては喜ばしいことです。彼らの幸福を、わたしたちも喜ぶべきです。日本の技術を海外に伝えて、人類のすべてが等しく幸福になれるような、理想の世界を目指すべきではないでしょうか。

経済成長の時代には、お金がどんどん入ってくるので、お金を何に使うかということで、心が乱された人も多かったと思われます。贅沢な消費をすることが人生の喜びであり、仕事をするのはお金を稼ぐための手段であるといった考えが定着してしまいました。しかしそれは、バブルのような一時的な幻想だったというべきでしょう。

人間の生きる喜びというものは、人によって違っていていいのですが、昔の日本人の多くは、働くことに喜びを感じていたはずです。ものを生産する喜び、というものもありますす。お客さまに喜んでいただくことが自分の喜びになるということもあります。会社や職場を一つのチームと考えれば、チームの一員として働く喜びがあります。そんな喜びがあれば、お金などはそれほど必要ではありません。

むしろ、働くことの喜びや、チームに所属する喜びが得られない孤独な人が、贅沢な消費で孤独な心を癒していたということではないでしょうか。

## 日本人のもっている大切な価値観

昔の日本人は、働くことが喜びでした。

働くことが喜びであるというのは、日本人がもっている大切な価値観です。

中国から伝わった《勤》とか《労》とかいった漢字に、日本人は「いそしむ」という訓をあててきました。「いそいそする」というのは、喜びで心がうきたつさまを表していま す。「いそしむ」には「心をこめて仕事をする」というだけでなく、「心がうきたつほどの喜びを感じながら仕事に集中する」というくらいのニュアンスがあります。

もともとの中国の漢字には、そのような意味はありません。《勤》は「精を出して仕事に励む」という意味ですが、さらに「やらなければならないことを果たす」という意味もあって、どちらかといえば義務的な仕事を意味しているようです。《労》は「いたいたしいくらいに骨の折れる仕事をする」という意味ですから、もっと消極的な意味です。

近代に入っても、日本の労働者は勤勉に働きました。そのことが日本経済の推進力になったことは明らかでしょう。単に勤勉であるだけでなく、会社に対する忠誠心があって、組織全体でパワーを発揮するところに、日本の労働者の強みがあるといわれてきました。

稲作文化によってつちかわれた日本の農村では、棚田を築いたり、水路から水を引いたり、村単位の協同作業が欠かせません。そのために村が一つの強固なコミュニティーになっていたという面があります。村社会と呼ばれるものは、時として封建的な規制で個人を縛りつけるものであり、そこから脱出して個として生きることが近代的な生き方だと考えられていた時期もあります。

しかし村のようなコミュニティーを築いてチームとして働き、チームに帰属することに喜びを感じるというのは、日本人にしみついた伝統的な価値観なのかもしれません。

稲作中心の村社会から脱出したサラリーマンの多くが、会社を一種の村だとみなし、企業に帰属することで安心感と生きる喜びを感じていたともいえます。

だからこそ終戦直後の労働者は食べるものにも困るような低賃金で働き続けたのです。終身雇用や年功序列というシステムも、若い労働者を低賃金で働かせるためには有効な方法でした。年功序列ですから、来年、再来年と、未来に希望をもって働くことができます。だから労働者は低賃金でも意欲的に働いたのです。利潤を得た企業はその資金を生産設備の増強のために投資します。その結果、奇蹟的な高度成長が実現したのです。

いまは時代が変わりました。年功序列というシステムも機能しなくなっています。企業の成長が停《と》まってしまったので、システムを維持することが困難になってきました。利潤が出たとしても海外への投資に回されるので、国内の組織が拡大していくわけではありません。まじめに働いていれば賃金が上がり出世していくという夢は描けなくなりました。業績が上がらなくなると企業は平気でリストラするようになりました。またリストラしにくい正社員を雇わずに派遣社員や期間限定の労働者を雇うようになりました。

会社というものが、村社会のようなコミュニティーではなくなったのです。

それでも昔から日本人は働くことを喜びとしてきましたし、そのことは祖父母や父母からも伝えられているはずです。大幅な賃金上昇が望めない時代になっても、仕事そのものが楽しければ、生きがいをもって生きていけるはずです。

企業というものを、海外の支社や工場まで含めて、全体を一つのコミュニティーと考えれば、民族などというものにとらわれる必要はありません。会社によっては外国人の管理職を採用しているところもありますから、これからは民族による差別や区別はなくなっていくことでしょう。

かつての閉鎖的な村社会から、世界とつながった新しいコミュニティーが生まれると考えれば、会社に所属して働くことは有意義ですし、フリーで働いている人も、業界というものを一つのコミュニティーと考えれば、その中で働くことに帰属の喜びをもつことは可能でしょう。

ただ注意しなければならないことがあります。

日本人は勤勉で集中力があります。努力に努力を重ねることが美徳であり、自分自身にも苛酷なほどの努力目標を課するだけでなく、他人にも努力を求めがちです。とくに最近は、競争原理とか自己責任といった言葉が強調され、努力しない者は悲惨な敗者になっても仕方がないのだといった風潮が強くなってきました。

高度経済成長の時代には、社会全体にもう少しゆとりがありました。終戦直後のゼロから出発した時代には、当時は社会主義国だったロシア（ソビエト連邦）や東欧諸国がとっていたように、政府が率先してインフラを整備したり、財政投融資で企業に資金を投入するなど、社会主義的な計画経済政策を実施していました。これは明治維新以後の富国強兵の時代からとられていたシステムで、第二次世界大戦で同盟国となっていたドイツやイタリアでもとられていたファシズムに近いものです。

日本は戦争に負けて民主主義国になったとされていますが、それは表面だけのことで、経済システムはほとんど変わっていなかったのです。

社会主義体制の中では、企業の自由は制限されます。運輸（国鉄）、通信（電電公社）、金融機関（郵便局）、タバコの生産（専売公社）など基幹産業は国有でした。電力会社、ガス会社なども地域に一企業という規制がありましたから、それらの企業は独占的な営業が保証され安定した利益を得ることができました。銀行や信用金庫などの金融機関も国によって統制されていました。航空、電鉄、バス、タクシー業界にも厳しい規制がありました。これらの統制が、戦後の復興を支えていたことは事実です。

規制緩和ということが叫ばれるようになったのは最近のことです。ある程度の統制によって経済成長が実現したあと、バブル経済の破綻《はたん》で社会全体が横這いの状態になった時に、その硬直した状態を打破するための切り札として、規制緩和による競争原理の導入という方針が打ち出されたのです。

規制緩和というのはすなわち自由化ということです。自由というのは黄金の原理とみなされがちですが、新幹線や飛行機の座席がすべて自由席だったら大混乱が生じるでしょう。自由というのは弱肉強食を推奨する原理ですから、競争原理の導入が過度になると社会に混乱や不安をばらまくことになるのです。その結果として、最近の企業やわたしたちの生活からは、ゆとりが失われたように感じられます。

昔の企業はのんびりしていました。どこの企業でも、会社ぐるみのお祭をやったり、保養所を整備したり、社員寮や社宅を充実させていました。年功序列で年々収入が増え、地位も上がっていく。いまほどの競争社会ではなかったので、働く人々はそれほどがんばらなくても、未来に希望がもてたのです。

長く経済成長が続いたために、土地の値段が上がり、企業の保有資産の価値が上昇して、銀行から資金を調達することもできました。株主に配当しなくても株価が上昇していったため、企業は設備投資を増やし、ボーナスやベースアップに資金を出すこともできました。

いまは競争原理が導入され、社内の無駄な施設は処分され、ぎりぎりの経営をしないと企業を維持することができなくなりました。株価の維持のためには配当を出さないといけないので、賃金を上げることが難しくなっていきます。なるべく正社員を減らし、不採算部門は子会社として切り捨て、スリム化をはかっていくというのが現状でしょう。そのために社員の仕事の負担が増え、その割に賃金は上がらず、職場内には正社員と派遣社員やパート従業員が混在して、ストレスが増えていくということになります。

商品価格の引き下げ競争で、スーパーやコンビニが値段を安くしてくれるのは、消費者にとってはありがたいことなのですが、競争に負けた商店街の老舗《しにせ》が倒産してシャッターを閉ざした店が増え、かえって不便になることもあります。観光バスの規制が緩和され、貸し切りバスで利益が得られなくなったバス会社が、赤字の路線バスを廃止するといった、地方のお年寄りの生活に関わる困った事態も生じています。

過剰な競争はもはや一種の戦争状態になっています。外国の企業との競争もありますし、一つの企業、一つの職場の中でも競争があります。息つくひまもない内戦が果てもなく続いていく……。それがいまの日本なのかもしれないのです。

## 釈迦とイエスの教えを現代に活かす

ここまで現在の世界と日本の状況を見てきました。この現在の状況と、釈迦やイエスが生きた時代状況との間には、大きな隔たりがあります。ですから、釈迦やイエスの教えをそのまま現在にあてはめ、そこから有意義な指針を導き出すというのは、無謀な試みなのかもしれません。しかし、過去と現在の時代状況の差異を踏まえた上で、その表面的な差異と時代を超越した本質的な部分を見きわめれば、彼らの言葉をいまのわたしたちの生き方に活かすことができるのではないでしょうか。

前章までに語ってきたことを、確認の意味で、ここで改めてまとめておきましょう。

釈迦の場合は、ガンジス河の水運によって、地域の人々に豊かさをもたらした商人たちと、流域の広大な地域を武力によって支配している王侯貴族との対立と融和という視点から、釈迦の教えの有効性を見てきました。そういう時代状況を背景として、個人の生き方を、「中道」あるいは「諦」という言葉を指針として考えてみたいと思います。

武力を有している王侯貴族にとっては、その武力をさらに強化し、支配を強めることによって、商人や庶民から税を搾り取ることは可能なはずです。しかし支配を強化すれば支配される側からの反撥を招きます。ことに大国が小国を支配しているという状況で支配を強化すれば、反乱が起こり、平和が破壊されることにもなりかねません。

戦争が起これば、商業活動も停滞しますし、農業などの産業にも支障が生じます。戦争そのものによる人命や資産、生産設備などの損傷だけでなく、生産活動そのものが縮小されることになり、王侯貴族が得る税収などの資産も減少することになります。さらに武力を強化するということは、武器の購入や兵士の増強をするということですが、そういう投資は生産には役立たない無駄な投資です。結果として、地域の生産力が弱まり、王侯貴族も庶民もともに、より困難な状況に陥ってしまうことになるのです。

商人や庶民の側から見ても、税を取られることを屈辱と考え、反乱を起こしたりすると、かえって生産活動ができなくなり、命まで失ってしまうことにもなりかねません。

支配する側も、支配される側も、お互いに自制し、譲り合い、少しずつがまんをする。それが「中道」であり、「諦」である、ということを確認しておきたいと思います。

イエスの場合も同様です。イエスは「皇帝のものは皇帝に」という言葉でもわかるとおり、ローマの支配を認め、ローマに税金を払うべきだと説きます。これは一見、ローマへの隷属を認めた、意気地のない穏健さという感じがするのですが、ローマの経済圏の中で平和が維持され、生産活動ができているのであれば、そのことを主体的に認めればいいのではないかという、強い決意表明でもあるのです。

実際にイエスの死後、ユダヤの民族主義者たちは大きな反乱を起こしてローマの圧倒的な軍事力の前に大敗を喫し、その結果、ユダヤという国が消滅することになりました。ユダヤ人にとって大切な神殿もエルサレムの城壁都市も破壊され、反乱軍は最終的にはマサダの砦の籠城戦によって、集団自決で壊滅してしまうことになるのです。

釈迦やイエスが説いた教えは、理念としての平和主義という面と同時に、現実的、実利的な面においても有効な思想だといっていいでしょう。

## ほどほどの生活と平和の維持を最優先に

そのことを踏まえた上で、いまのわたしたちの生活について考えてみましょう。いまの日本の経済は、長く停滞しています。経済の活性化のためにさまざまな政策が試みられてはいるのですが、終戦後からバブルの絶頂期に到るような急激な経済成長を今後に期待するわけにはいかないでしょう。これからもずっと、この横這いの状態が続いていくのではないかと思われます。

平和であるならば、横這いでもいいのではないか。政治家も庶民も、贅沢をしないように、ほどほどの生活をして、何とか平和を維持することを最優先に考えるべきではないかというのが、この本でわたしが皆さんに伝えたかったことなのですが、増税によってますます生活が苦しくなっていくことに不安を覚える人もいるでしょう。

税金が高くなっていくということは、わたしはある程度は容認すべきだと考えています。とくに消費税に関しては、ヨーロッパではもっと高い税率ですし、収入の少ない人、あるいは親の庇護を受けている学生などでも、自分が消費するぶんに応じて一定の税金を払うというのは、公平なシステムだとわたしは考えます。

問題はその使い途なのですが、消費税の使途は年金や医療などの社会保障にあてられることになっています。とはいえ、消費税で補填されたぶんだけ、もともとの税金を別の目的に使うことができるわけですから、経済活性化のための投資に回されたり、海外への援助に資金が回っていくことは避けられません。

適切な投資で国内経済が活性化するのであればそれは望ましいことですし、海外援助によって、外国の人々の暮らしが少しでも豊かになるのであれば、それも必要なことだとわたしは考えます。日本は平和憲法によって、軍事的に海外を侵略することはできないことになっていますが、経済的な侵略を受けていると現地の人は受け止めていることでしょう。

海外に投資をしてひたすらお金を儲けるということだけでは、現地の人々の反撥を招くことになります。現地の人々の生活の向上に役立つような援助はこれからますます必要になってくるでしょう。

税金をちゃんと払い、そのぶん、自分の生活は質素にする、というのが、「諦」であり、「隣人愛」であるとわたしは考えます。

## 日本の「隣人」たちとどうつきあうか

ただ一点だけ、わたしが心配していることがあります。いまの政府は、軍事予算を増やそうとしているのではないか。外国との融和をはかることを怠って、事あれば戦争をしたがっているのではないか。そんな気配を感じているのは、わたしだけではないと思います。

たとえば靖国神社の問題があります。戦争で亡くなった人を悼み、毎年お参りをする。それのどこがよくないのかと、批判される方もおられることでしょう。しかし戦死者を弔うことは終戦記念日の行事などでもなされていますし、わたしたち一人一人が、先祖の霊に祈りを捧げればいいことです。

靖国神社というのは、ドイツやイタリアのファシズムと共闘した軍国主義の時代を象徴するもので、他の神社と同じようなものだと考えるのは危険です。零戦などの戦闘機で敵の戦艦に体当たりする「神風特攻隊」のような戦い方を、日本人はいまだに美談として語ることが多いのですが、外国の人々にとっては、ニューヨークのワールド・トレード・センターに体当たりした飛行機と、本質的には同じものだと感じられることでしょう。実際に、自爆テロのことを「カミカゼ」と表現する外国人も少なくありません。

かつての日本の軍国主義は、まさに神道原理主義というべきものですが、これは日本に昔からあった八百万の神々への素朴で自然な信仰とは対極にある、宗教とは呼べない異常な集団ヒステリーのような状態だったのではないかとわたしは考えています。

そのことをはっきりと認識し、世界の人々に対して、反省と謝罪の気持ちを示すことが何よりも必要です。

謝罪をするというのは、勇気と決断が必要なことではあるのですが、そこにも「諦」と「隣人愛」の気持ちをもって対応する必要があるでしょう。それが平和という理念にもつながりますし、諸外国との友好関係が深まれば、実質的な経済的発展をもたらすことになります。

わたしたちが釈迦やイエスから学ぶべきなのは、儀式としての宗教ではなく、釈迦やイエスの出発点にあった根本原理です。質素であることと、経済的繁栄は、けっして対立するものではありません。自分に対する厳しさをもって努力することは必要ですが、極端な禁欲や原理主義に陥ることなく、ほどほどの「中道」を歩みながら、他人に対する思いやりとやさしさを忘れずに、世界の人々と仲よくすること――それこそが、わたしたちが学ぶべきことだとわたしは考えます。

外国との戦争を防止しなければならないのは言うまでもないことですが、わたしは経済的な戦争状態も何とか回避すべきだと思います。とくにいまの日本に充満している経済的な内戦状態、企業間の過剰な競争や、同じ一つの職場に導入される競争原理は、どこかで歯止めをかけるべきです。そうでないと生きることが楽しくなくなってしまいますし、そんなに競争しなくても、人間はもっと楽に生きていけるはずです。

## 二十一世紀の新しい生き方を求めて

自由というものは大切ですが、ある程度の規制は、国民の生活を守るためには必要ですし、行きすぎた自由競争はゆとりのない社会を生み出してしまいます。

昔の村社会のような会社なら、そこで働くことに生きがいが得られたのでしょうが、いまの企業はストレスばかりが多く、つらい場所になっているのかもしれません。

会社の仕事に命をかけるといった生き方は、これからは難しくなってくるでしょう。命をかけようと思っても、いつリストラされるかわからないという状態では、安心して仕事に打ち込めないということもあるでしょう。

これからの時代を生き抜くためには、会社や業界といったものに頼らない、個人としての生き方を考えなければなりません。

企業や業界というものは、二十代から六十代までを過ごす大切な場所ではあるのですが、それは仕事をして収入を得る場ではあっても、一生を過ごす、人間の生存を支えるコミュニティーではありません。

無事に定年まで勤めることができたとしても、その後は企業とのつながりはなくなってしまいます。平均寿命が延びたいまは、定年後も二十年から三十年ほど生きる場合が大半ですから、仕事のつき合いを離れたもう一つのコミュニティーというものが必要です。

人間は一人で生まれ、一人で死んでいくのですが、生まれた時には家族がいますし、親族や地域社会の中で育ちます。かつての封建的な村社会から脱出して、都会で生きてきた人にとっても、生まれ育ったコミュニティーと同じような、親しく穏やかな人間関係に囲まれて余生を過ごしたいと願う人は多いでしょう。

多くの人は仕事が忙しすぎて、老後のことにまで頭が回らないというのが現状です。老後に備えるというのは、実は簡単なことです。家族を大切にする。子どもをしっかりと育てる。厳しくしつけるだけでなく、喜びや楽しみをともにし、時にはつらいことについて親子で考えたり、悩みを共有したりする。そういう家族の絆《きずな》というものは、人間にとっての生きる基礎のようなものです。

できればそういう絆を、親族や、友人や、近所の人にまで広げていけば、それが人生の支えになります。会社の同僚や、業界の人とも、仕事がオフになった時にもつき合い、時には家族ぐるみで交流したりすると、絆が生まれます。

短歌や俳句、スケッチや陶芸、バンドなどでの楽器演奏、コーラス、園芸、歴史の調査など、自分の趣味をもち、趣味を通じた仲間をもつことも、老後の人生の支えとなるでしょう。

豪華客船で世界一周などといった贅沢な楽しみは、お金がなくなったらおしまいです。趣味というのは、わずかな投資で長く楽しめるものです。国内旅行に出かけても、教養のある人は、有名な観光スポットを巡るだけではなく、自分の足であまり知られていない旧跡を訪ねて楽しむことができます。先にもお話ししたように、お金をかけずに愉しめるというのが、文化や教養なのです。

家族に囲まれ、仕事を離れた友人たちと交遊していれば、ありあまるほどのお金がなくても、生きていてよかったと、しみじみと感じることができるはずです。

質素に生きるというのは、禁欲するということではありません。適度に愉しみ、過度の欲望に惑わされない。中ぐらいのふつうの生き方、それが中道であり、四諦の四番目にあたる八正道です。

競争原理のようなものを強要され、つねに能力の極限かそれ以上の成果を期待されて、へとへとになるまで働くというような生き方をしていると、どこかでぽっきりと折れてしまいます。

人生にはゆとりが必要です。努力は必要ですが、無理をせずに、自分にできるだけのことをやって、その範囲で力を尽くせばいいのです。それくらいのマイペースで生きていれば、生きることを楽しむことができるはずです。

わたしが提唱する「諦という生き方」は、そういうところにあります。

隣人を大切にし、時として、敵のために祈る。そういう姿勢があれば、世界中の人たちと手を結んで、穏やかに生きることができます。

残念ながら、世界の国を見渡すと、国民の生活を犠牲にしてでも自分の地位と利権を守って私腹を肥やそうとする政治家がいないわけではありません。むしろ国内政治の問題から国民の目を逸《そ》らすために、意図的に国際関係を悪化させ、国内経済の衰退は外国による経済侵略なのだと、政府が民族主義を煽動することもあります。

歴史を振り返ると、国際紛争の多くが、実は国内問題に端を発しているケースが少なくありません。

　自分の失政を隠蔽《いんぺい》するために民族主義を煽《あお》るような政治家に、政治を任せてしまった国民にも責任のあることです。過去はともかく、これからはそのような事態が生じないように、ふだんから国際情勢に目を向け、諸外国との友好関係を重視する政治家を支持していく必要があります。

　釈迦は教団の大切な支持者であったビンビサーラ王の政権を倒した、子息の好戦的なアジャータシャトル王をも説得して、仏教に帰依させせました。また『法華経』の中では、アジャータシャトルをそそのかした仏教教団の敵である提婆達多さえもがいずれは仏になるのだと説かれています。

　イエスはすべての人の罪を浄めるために十字架にかかりました。そのすべての人の中には、自分を十字架にかけたユダヤ人やローマ総督も含まれます。だからこそそのちにキリスト教はローマの国教になったのです。

　小さな民族主義にとらわれずに、すべての人間は兄弟であると受け止め、隣人を愛し、敵のために祈る。これが釈迦やイエスが伝えたかった《ただ一つのこと》であり、「諦という生き方」です。

アガペーの愛と慈悲の心。そこからもたらされる民族主義を超えた世界中の人々との隣人愛による平和な国際社会。これこそが、わたしがこの本で読者に伝えたかった理念であり、これからの新しい生き方なのです。

いまわたしたちの国が置かれている状況は、けっして楽観できるものではありません。遠い海の彼方にある小さな無人島をめぐって、戦争が起こるようなことがあってはならないですし、そのようなことが起こらないように、読者の皆さんとともに祈りたいと思います。

釈迦が命をかけて最後の旅に出た平和への強い願いを思い起こしてください。イエスが十字架にかかってまで示そうとした、敵のために祈るという隣人愛を、心に刻んでください。

図版製作／クリエイティブメッセンジャー

**三田誠広**（みた　まさひろ）

作家。一九四八年生まれ。早稲田大学文学部卒業。一九七七年『僕って何』で芥川賞受賞。早稲田大学文学部客員教授を経て、武蔵野大学文学部教授。日本文藝家協会副理事長。日本ペンクラブ理事。著書に『マルクスの逆襲』『実存と構造』（集英社新書）、『数式のない宇宙論　ガリレオからヒッグスへと続く物語』（朝日新書）など多数。

集英社新書〇七四四C

# 釈迦《しゃか》とイエス　真理《しんり》は一《ひと》つ

二〇一四年六月二二日　第一刷発行

著者……三田誠広《みたまさひろ》

発行者……加藤　潤

発行所……株式会社集英社

東京都千代田区一ツ橋二-五-一〇　郵便番号一〇一-八〇五〇

電話　〇三-三二三〇-六三九一（編集部）

〇三-三二三〇-六三九三（販売部）

〇三-三二三〇-六〇八〇（読者係）

装幀……原　研哉

印刷所……凸版印刷株式会社

製本所……株式会社ブックアート

定価はカバーに表示してあります。



ISBN 978-4-08-720744-6 C0214



Printed in Japan

a pilot of wisdom

## 哲学・思想――C

a pilot of wisdom

不幸な国の幸福論　加賀乙彦
創るセンス 工作の思考　森 博嗣
天皇とアメリカ　吉見俊哉／テッサ・モーリス-スズキ
努力しない生き方　桜井章一
いい人ぶらずに生きてみよう　千 玄室
不幸になる生き方　勝間和代
生きるチカラ　植島啓司
必生《ひっせい》 闘う仏教　佐々井秀嶺
韓国人の作法　金 栄勲
強く生きるために読む古典　岡 敦
自分探しと楽しさについて　森 博嗣
人生はうしろ向きに　南條竹則
日本の大転換　中沢新一
実存と構造　三田誠広
空《くう》の智慧、科学のこころ　ダライ・ラマ十四世／茂木健一郎
小さな「悟り」を積み重ねる　アルボムッレ・スマナサーラ
科学と宗教と死　加賀乙彦

犠牲のシステム 福島・沖縄　高橋哲哉
気の持ちようの幸福論　小島慶子
日本の聖地ベスト100　植島啓司
続・悩む力　姜 尚中
心を癒す言葉の花束　アルフォンス・デーケン
自分を抱きしめてあげたい日に　落合恵子
その未来はどうなの？　橋本 治
荒天の武学　内田 樹／光岡英稔
武術と医術 人を活かすメソッド　甲野善紀／小池弘人
不安が力になる　ジョン・キム
冷泉家 八〇〇年の「守る力」　冷泉貴実子
世界と闘う「読書術」 思想を鍛える一〇〇〇冊　佐高 信／佐藤 優
心の力　姜 尚中
一神教と国家 イスラーム、キリスト教、ユダヤ教　内田 樹／中田 考
伝える極意　長井鞠子
それでも僕は前を向く　大橋巨泉
体を使って心をおさめる 修験道入門　田中利典

集英社新書　好評既刊

## 文芸・芸術——F

| | |
|---|---|
| 超ブルーノート入門 | 中山康樹 |
| 短編小説のレシピ | 阿刀田高 |
| パリと七つの美術館 | 星野知子 |
| 天才アラーキー　写真ノ時間 | 荒木経惟 |
| プルーストを読む | 鈴木道彦 |
| フランス映画史の誘惑 | 中条省平 |
| 文士と姦通 | 川西政明 |
| 廃墟の美学 | 谷川渥 |
| ピカソ | 瀬木慎一 |
| 超ブルーノート入門　完結編 | 中山康樹 |
| ジョイスを読む | 結城英雄 |
| 樋口一葉「いやだ！」と云ふ | 田中優子 |
| 海外短編のテクニック | 阿刀田高 |
| 余白の美　酒井田柿右衛門 | 十四代酒井田柿右衛門 |
| 父の文章教室 | 花村萬月 |
| 懐かしのアメリカTV映画史 | 瀬戸川宗太 |
| 日本の古代語を探る | 西郷信綱 |
| 中華文人食物語 | 南條竹則 |
| 古本買い　十八番勝負 | 嵐山光三郎 |
| 江戸の旅日記 | ヘルベルト・プルチョウ |
| 脚本家・橋本忍の世界 | 村井淳志 |
| ジョン・レノンを聴け！ | 中山康樹 |
| 必笑小《こ》咄《ばなし》のテクニック | 米原万里 |
| 小説家が読むドストエフスキー | 加賀乙彦 |
| 喜劇の手法　笑いのしくみを探る | 喜志哲雄 |
| 映画の中で出逢う「駅」 | 臼井幸彦 |
| 落語「通」入門 | 桂文我 |
| 永井荷風という生き方 | 松本哉 |
| 世にもおもしろい狂言 | 茂山千三郎 |
| クワタを聴け！ | 中山康樹 |
| 米原万里の「愛の法則」 | 米原万里 |
| 官能小説の奥義 | 永田守弘 |
| 日本人のことば | 粟津則雄 |